読書は
鼻歌くらいで
ちょうどいい

大島梢絵

はじめに

「活字だらけの本は、わたしには読めない」
人生の大半を、そう思って生きてきました。
小説を読むなんてことはめったになく、
本屋は用事がなければ行かない場所でした。

それが数年前、一念発起してインスタグラムで読書記録を始め、
いまでは年間約150冊を読むほどの本好きになりました。

本を遠い存在に感じていた頃、
読書は知的な人の趣味で、頭のいい人がする行為だと思っていました。
そんなふうに、難しいものだと決めつけていたんです。
読んでみたいと思っていても、まるで読める自信がなく、
そもそも何を選んでいいのかもわかりませんでした。

でも、どうやら本は、もっと気軽に読んでいいみたいです。
最後まで読みきる自信なんて必要ないし、
買ったのに読まないのはダメだとか、
堅苦しいルールなんてものはありませんでした。
自分の好きなように読んで、ラフに楽しめばよかったんです。
鼻歌を歌っちゃうくらいの何気なさで――

この本は、わたしの読書スタイルをまとめた一冊です。
本との距離をどう縮めていいかわからなかった、
かつてのわたしのような人へ向けて作りました。
本を好きになれて本当によかった、いまは心からそう思っています。

これを読んで本に興味をもったり、さらに読書が好きになったり、
そんな本好き仲間が増えたらうれしいです。
おしゃべりだと思って気楽に、ぜひお茶でも飲みながら、ゴロゴロしながら、
好きなタイミングで開いてみてください。

大島梢絵

目次

Part 2 読みたい本の見つけ方

Part 3 わたしの本棚

Part 4 読書記録

Part 1

本はもっと気軽に読んでいい

Part 1

01

無理に1冊 読みきらなくていい

わたしは以前、読書をなかなか楽しめない時期がありました。「せっかく買ったんだから読まないと!」と、そんなふうに感じて、読むことを目的に、読みきることを目標にしてしまっていたんです。かつてのわたしは、「読みきらなきゃの掟」を勝手に作り上げてしまっていたのでしょう。学びたいからと挑戦したビジネス書は、内容をさらに難しく感じさせるような書きぶりで言葉が入ってこなかったり、好きな作家さんの新刊が出たからと買った小説は、その時の自分の気分に合わず途中で飽きてしまったり……。でも、頑張って読んでいました。当然、途中で「なんでわたしはこんな気持ちで読書しているんだろう」と手が止まるわけです。「買ったからには全部読まなきゃ!」「読み始めたのなら最後まで読みきらな

きゃ！」と思って読んでいたら、好きで始めた読書も途中で嫌になってしまいます。

考えてみれば、日常のなかでテレビをつける時、音楽をかける時に「この番組を最後まで見るぞ！」「このアルバムをすべて聴くぞ！」なんて意気込むことはありません。本を開くことも決して特別なことではなく、なんとなくテレビを見るような、音楽を聴くような、きっとそんな気楽な感覚でいいんだと、いまはそんなふうに思っています。人と人に相性があるように、本と人にも相性があります。本は誰かが書いて、誰かが作っているので、書き手や作り手との相性とも言えるかもしれません。そう考えると、「合わない本だってある」と割りきることができます。思っていた内容と違っていたり、いまの気分に合わなかったりしたなら、途中で読むのをやめたっていいと思うんです。いまの自分とは相性がよくないというだけで、月日が経てばまた読みたくなる時がくるかもしれません。途中で読むのをやめたらそれっきり読まなくなってしまっても、結果的に手放すことになったとしても、それは悪いことではないと思います。それで読みきれなかったことに罪悪感を感じたり、読書に対するハードルが高くなってしまったりしたら、そのほうがもったいない。ほかにも読みたい本があるのなら、なおさらです。なので、最近のわたしは「つまみ読み万歳！　乱読最高！」と、そんな気分で自由気ままに本を読んでいます。

「一冊読みきらなければ読書したとは言えない」。そんなふうに、勝手に高い「読書ハードル」を作っていたかつてのわたしに言いたい。「読書にルールなんてないし、好きな方法で、自分のスタイルで楽しめばいいんだよ」と。読んでいる途中でやめたって、ちょっとしか読んでいなくたって、「読書した」ということには変わりないですよね。

Part 1

02

読みたい時に読みたいところで読めばいい

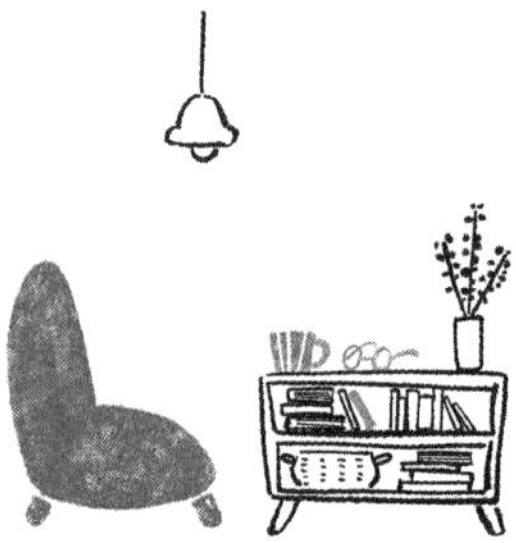

新幹線や電車での移動時間、美容院や病院での待ち時間にもよく本を読みますが、わたしがいちばん多く読書をする場所は自宅。本棚にはさまざまなジャンルの本がありますが、朝と昼、そして夜に読む本は違っています。頭がクリアな状態でいられる朝は、その時自分が吸収したい内容の本を選びます。ジャンルでいうとビジネス書や実用書、自己啓発書あたり。昼は、のんびりした雰囲気の本や、文体が硬いちょっぴり難しい本。内容が刺激的でないことも大事です。なぜなら、昼の読書は「昼寝のための読書」だからです。夫婦でカレー屋を営むわたしは、基本的に朝7時から午後3時までが仕事時間。家に帰ってきてシャワーを浴びたあとにその後のパフォーマンスが下がらないよう、15分から30分、本を読みなが

ら戦略的昼寝をするんです。頭を少しすっきりさせて体を起こすまで、続きを少し読むのもまた心地い。そして、リラックスモードに入る夜は、物語に没入できる小説を読みます。疲れた日は、詩集、絵本や雑誌など、写真やイラストが多い本を選ぶことも。気分というのはその日によって、さらには時間によっても変わるものです。それなら、読みたい本も変わって当然ですよね。朝の元気な自分と、夜のゆったりした気分の自分がいるのなら、それに合わせて本を選ぶのがいいと思うんです。「あの本が途中なのに」とか、「あの本を先に買っていたのに」とか、そんなことは置いておきます。

家での読書は、好きな姿勢で読めるところが最高。わたしはよくソファチェアやベッドの上で読みますが、何度も体勢を変えて、なるべく疲れないようにしています。わかりやすく言えば、ゴロゴロしながら、ですね。ストレッチをしながら読んだり、立ったまま読んだりすることもあります。お風呂のなかで読むのも至福の時間です。「本は机に向かって読むもの」というイメージもあるかもしれませんが、そんな決まりはありません。本は自由に、のびのびと、好きな場所で好きな姿勢で読んでいいと思います。

家ではなく、場所を変えてカフェや図書館で本を読むこともあります。何か作業をしている人がいると、なぜかまわりの人まで自然と気が引き締まり、集中できることがありますよね。そんな空間のパワーを借りようと、わたしはあえて集中力が必要な本を持っていきます。ビジネス書や、一気に読みたい小説など。最近はどこに行ってもスマホを触っている人ばかりで、カフェでも電車でも、人がスマホを片手に下を向いている、そんな景色がすっかり当たり前になりました。でも、天邪鬼なわたしは、そんななかで本を開くことにささやかな優越感を感じています。「みんなと違うことをしているわたし、なんかいいかも」なんて、読書が少しだけ自尊心を高めてくれるんです。そんなこともあり、外出する際は本を持っていくようにしています。行き先と用事によってラインナップは変わりますが、どんな時も最低1冊は必ず。以前、移動中の電車が緊急停止して、1時間ほど車内に閉じ込められてしまったことがありました。幸いにも事故などの非常事態ではなく、動くまでは待機。そんな時、本があればその世界に飛び込むことができます。待たされている状況にイライラしないで、「読書タイムができてラッキー」と前向きに捉えることができました。この時、多くの方はおそらく「1時間も無駄になった」「やっと動いた」という心情だったと思いますが、小説の続きを読んでいたわたしは、「あれ、案外早く動き出したな」と、そんな感じでした。思わぬ読書タイムはほかにもあって、待ち合わせで相手が遅刻してきた時も、本があれば待ち時間を読書時間に変えることができます。そうやって不意にできた時間を読書にあてるために、アンラッキーな状況でも心おだやかに過ごすために、わたしはいつも本をかばんに忍ばせています。

新潟県に住んでいるわたしは車移動をすることが多いので、大荷物で出かけるのは苦になりません。「きょうは外で読むぞ！」と読書欲が高まる日には、5冊以上の本を持ってカフェへ行くこともあります。コーヒーを片手に気分の赴くままに、本をつまみ読みするんです。家を出る時と席に着いた時では、自分の気分が変わることもあるので、本はどっさり持ち込みます。外に出て雨が降り始めていたら、しんみりと優しい文体の小説やエッセイを読みたくなるかもしれない。カフェに着いて、まわりが勉強している人だらけだったら、難しいビジネス書を読む気になるかもしれない。そうやって気分に合わせて本を選びたいので、「あー、いまここであの本が読みたかったー」とならないように本を何冊も。それを選ぶのもまた楽しいんです。

いつからか、旅先に本を持っていくことも旅行の楽しみのひとつになりました。本を読むというのは、ひとつの「体験」。本の内容だけでなく、どんなところで、どんな雰囲気で、どんな気分のなかで読書したかという、その行為全体が記憶に残ると思います。「本の内容はきちんと覚えていないけれど、あの時これを読んですごくジーンときた」という感覚的な記憶が残るのはよくあることです。時に、それは思い出にもなります。だからこそ、旅行に持っていく本は慎重に選びます。旅先で本を買うのも旅行の醍醐味。すてきな本との出会いがあれば、その旅行は、より豊かになると思います。

Part 1

03

1ページでも1行でも本を読んだら読書

わたしが積極的に読書をするようになったのは、社会人になってから。子どもの頃、活字は大の苦手。本好きの祖父に本屋に連れて行かれて「なんでも買ってやる!」と言われても、平気でファッション誌を持ってくるようなタイプでした。そんなわたしが本を読むようになったのは、たまたま寄った店で糸井重里さんの『ボールのようなことば。』に出会ったことがきっかけです。「ボールのようなことばって、どんな言葉だろう?」と、タイトルに惹かれて開いてみると、余白がたっぷりで詩集のような雰囲気の本でした。まさにボールで遊ぶような、転がったり跳ねたりする軽やかな言葉におもしろさを感じ、その後、糸井さんの「小さいことばシリーズ」を買い集めて、夢中で読みました。「もっと本を読んで言葉の世界に触

れたい」、そんな好奇心があふれてきたんです。これが、わたしの読書の入り口でした。その本に出会うまで、「読書とは小説を読むこと」「小説を読めなければ読書家とは言えない」なんて、そんなふうに思い込んでいました。でも、このシリーズを読み進めるうちに、「わたしは読書をしている」「本が好きになっている」という、読書への手応えを感じるようになったんです。学生時代、活字まみれのページに拒否反応さえあったわたしですが、一冊でも読みきったことが自信になり、本を読みたくなっていました。そこからエッセイや名言集などにも挑戦。「本を読んでみたいけれど文章を読むことが苦手」と思っている方がいれば、まずは余白が多く、言葉が読みやすい本を選ぶことをおすすめします。

若松英輔さんの『本を読めなくなった人のための読書論』には〝何ページ読む、何冊読むということはまったく問題ではありません。今、私たちは、初めて泳ぎを教わっている子どものようなものです。これから泳ごうとするとき大切なのは、泳げる距離ではなく「水」との関係です。それと同じように「読む」ときに大切なのは、言葉との関係なのです。（中略）私たちに求められているのは、速く、多く言葉を読むことではありません。今、ほんとうに必要なコトバに出会うことなのです。〟とありました。はじめは泳げる距離ではなく、水との関係。わかりやすいたとえに納得し、励まされた一文です。やがて読書に慣れてきたわたしは、小説にもチャレンジします。いつしか目標であり憧れになっていた「小説を読む」をクリアした時には、かつてない達成感を味わいました。この時も読みやすいという理由で「薄い本」から始めたおかげで挫折せずに済みました。そうやって「読める」という自信を積み重ねていったことで、いまでは読んだことのないジャンルにも興味をもち、長編小説にも手が伸びるようになっています。

Part 1

04

同時に何冊か読み進めたっていい

最近はもっぱら「併読」スタイルで、さまざまなジャンルの本を4～5冊同時に読み進めています。小説、ビジネス書、エッセイを1冊ずつ、詩集や歌集を1冊、だいたいそんな感じです。各ジャンル1冊と決めているわけではありませんが、気分に任せているといつの間にかこうなっています。途中で気分が変われば選手交代、ということもよくあります。数か月前に読んでいた本の続きを読む、なんてことも少なくありません。こういうことをしていると「内容忘れちゃうんじゃない?」と聞かれることもありますが、案の定忘れています(笑)。なので、小説はなるべく期間を空けないよう気をつけていますが、歌集や実用書などは、かなりマイペースです。忘れることは悪いことではないし、もう一度読むのも楽しいので、

まあいいかなって。こうやって少し読んで寝かせているものも合わせると、当たり前ですが読みかけの本が増えていきます。寝る前に読むことが多いので枕元には本の山ができ、山が高くなると読みかけの続きが気になることもありますが、それもまた、気分次第です。

本を読み始めたばかりの頃は、「これを読みきらなければ、次の読書を始めてはいけない」と、なぜかそんなふうに思い込んでいました。中途半端なことをしているような感覚だったのかもしれません。そうなると変な意地がでてしまい、「頑張って読む本」「頑張って読む時間」になってしまっていました。それでも学びはあり、その読書体験も自分の血肉になっている気はしますが、いまは楽しむことが優先。「いつどんな本にいってもいい」と自分を許してからは、毎日本を選ぶ楽しみができました。読みかけの本のなかから「どの続きを読もうかな」と考えることにもわくわくし、買ったままの「新しい本」を読み始める時には、どきどきしながら未知なる扉を開ける感覚を楽しんでいます。

本を選ぶ時、「どれもピンとこないな」「読みたい本が見つからなくてどうしよう」と迷うことがないように、自宅は居心地のいい「図書館気分でいられる場所」を目指しています。まだ読んでいない本がたくさんあって、読みたい本ばかりに囲まれた空間です。我が家には、これから読む本、いわゆる「積読」専用の本棚があります。買ってきた本はまず、その棚に背表紙が見えるようにきれいに並べます。「積読本は積まない。しっかり立てる」というのがマイルール。積んでおくよりも図書館のように整列させているほうが本にも優しい気がするんです。順番を待っていてもらう本たちなので、背表紙のタイトルがしっかり目に入ることで存在を忘れないよう、せめて誠意ある対応を……と、そんな気持ちです。

Part 1 05

読んだ内容は忘れたっていい

一緒にカレー屋を営む夫と、以前こんな話をしたことがあります。「あそこで食べたサワラのお寿司、おいしくて感動したんだけど、具体的にどんな味だったとか、ほかにどんなお寿司を食べたとか、それは思い出せないんだよね。サワラのお寿司が、とにかくめちゃくちゃおいしいって言い合ったことだけは覚えてるんだけど……」「確かにね、わかるわかる」なんて思いながら、わたしもあの時の感動を思い出していました。同時に自分のなかで、「食事も、読書も、きっとそれが醍醐味なのかも」という気づきがありました。自分の読書体験を振り返ると、主人公に共感が止まらなかった小説の、詳細な場面や登場人物の名前をしっかり思い出せません。人間関係で悩んでいた時に救われた大切な一冊も、具体的にど

の言葉に助けられたのか、すぐには言えません。でも、わたしはその本を覚えているんです。読んでいてどんな気持ちになったのか、どんな感情を知ったのか、その読書体験を通して得たものは思い出すことができます。心に響いた記憶があって、自分にとって特別な一冊なのであれば、またその本を開きたくなるでしょう。必ずと言っていいほど、過去に読んだ本は時を経てから読むと、新たな発見をくれるものです。読書というのは、その時の自分の状態が大きく作用するコンテンツだと思います。荒木博行さんの『自分の頭で考える読書』には、〝「読書」というのは、絶えず著者と読者のコラボレーションが行われており、情報量の多いほかのメディアとは比べものにならないほど、読み手1人ひとりのオリジナリティのあるコンテンツへと昇華されていくのです。〟とありました。読書という行為は、本があるだけでは成り立たない。本と読み手がいて、はじめて成り立つメディアなのだと、ハッとさせられた一節でした。

わたしは糸井重里さんの『ボールのようなことば。』という本をきっかけに、言葉の魅力に惹き込まれ、「本をもっと読みたい、いろいろな人の考え方を知りたい」と思うようになりました。社会人1年目でその本をはじめて読んだ時、すべての言葉が「仕事」や「職場の人間関係」に対するエールに感じていたんです。角を折ったページには「困難を乗り越える考え方」に関する言葉が多かったように思います。でも、社会人にも馴染んできた25歳で読んだ時には、恋愛について考えることが増えていて、「愛」に関するページにたくさん印をつけていました。それから何年か過ぎたいま読むと、また違う受け取り方があったりします。これも読書のおもしろいところ。そもそも、本の内容を完全に記憶するのは無理な話です。脳にはキャパシティがあるし、覚えておかなければならないことはほかにもたくさんあるし。再読の楽しみだってあるのなら、読んだ本の内容をずっと覚えていようと思うことはナンセンスに感じます。

〝ほら、本は花なんだよ。ふれてやれば言葉が浮遊するだろう。かれらは逃げてゆくさ、もちろん。でもそれでいいんだよ。本の内容は手に入るものじゃない、手元に留めておけるものではないんだ。ただその風景を、その光を、その風だけを、よく覚えておけばそれでいい。〟

これは、管啓次郎さんの『本は読めないものだから心配するな』という本のお気に入りの一節。本の内容に形はない。その時、自分が頭のなかや心のなかに描いた、その「景色」を覚えておけばいいんだと、そんなふうに感じています。本は、忘れるおかげで何度も楽しむことができます。小説好きのわたしの友人は「この本、もうそろそろ忘れた頃かな」なんて、忘れることを待っているくらいです。忘れられるから、また一から物語を楽しむことができるそうで、好きな本はそうしたいんだとか。そんな前向きな忘却のとらえ方に衝撃を受けましたが、その話を聞いてからは、わたしも忘れることを恐れずに本を読んでいます。わたしの夫も、忘れることを前提にどんどんと本を読むタイプ。彼の言い分はこうです。「そもそも人間は忘れる生き物。それなのに抗って、読んだものは覚えておかなきゃもったいないなんて思考でいると、それこそ読書の弊害になるのではないか」。確かに、それも一理あるかもしれません。

本を読んで心に響いた言葉があれば、わたしは「忘れたくないなぁ」と、本の角を折ったり、マーカーを引いたりしています。10年も経って読み返すと「なんでこれが響いたんだろう」と、ピンとこないこともありますが、でもそれは、過去に出会った考え方や言葉がすでに自分のものになったという証でもあると思うんです。同じ本を再び読むことで過去の自分に出会えたり、いまと対比して成長を感じられたりもします。そんなふうに読書体験をより豊かにするために、本に足跡を残します。つまり、本の「内容」を忘れないようにということではなく、「忘れたくないと感じた気持ち」を忘れないための印です。いまの自分が何を感じたのか、どんな部分にグッときたのか、それを思い出すヒントを本自体に残しておけば、いつ読み返しても必ず見つけることができます。本の内容はもちろん重要ですが、それは本を開けば変わりなくずっとそこにあります。でも、その本を読んで自分が何を感じたのか、どんな気分になったのか、どんな景色を思い描いたのかは、その時だけのもの。それを大切にしていきたいです。

Part 1

06

その時の自分なりの受け取り方でいい

本の感想では、自分とまったく異なる意見に驚くことがあります。わたしにとって「これ最高！」という本を「あまり好みじゃなかった」と話す人がいたり、「おもしろかった！」と思う本を「感情移入できなくて、つまらなかった」と話す人がいたり。逆の場合もあって、インスタグラムのフォロワーさんが「絶対好きだと思います！」と教えてくれた本を、刺激が足りないと感じたことも。自分が好きなものをいまいちだと思う人がいる事実に、少し悲しくなったこともありますが、「本好きの会」というコミュニティを立ち上げてからは、意見の違いにおもしろさを感じるようになりました。

本好きの会では、「課題図書」の感想を語り合うイベントをすることがあります。参加される方には、事前に設定した課題図書を、好きな場所で、自分のペースで、好きなように読んできてもらいます。本を読んで感じた赤裸々な気持ちを発表するのは、自分の価値観が表れるようで少し緊張もしますが、本当に刺激的です。近しい感想はあってもまったく同じということはなく、「そんな見方もあったのか」と発見があると、さらにその本を楽しむことができます。同じ本も、読む人次第で、あるいはどう読むか次第で「こんなにも変わるものか！」と、感想を聞きながら毎回ひしひしと感じます。もちろん受け取り方は人それぞれなので、ネガティブな感想や批判的な意見も積極的に話してもらうようにしています。「この部分にひとこと物申したい！」ということがあれば、その人の譲れない気持ちが垣間見えます。それはそれで、個性が映し出されるところなので、それがマイナスな意見ということではないと思うんです。「おもしろくない」「共感できない」という意見も同じ。おもしろくなかったから無駄だった、ということは決してなく、それはきっと自分と向き合えるチャンスだと思います。どういうところがおもしろくないのか、どうして共感できないのかに向き合ってみると、自分の大切な価値観が見えてくる気がするんです。

以前、著者の上から目線な物言いや差別的な考え方にどうしてもイライラして、読むのがつらい本がありました。でも同時に、「伝える」ことに対する自分のポリシーに気づく機会にもなりました。「人の振り見て我が振り直せ」というわけではありませんが、そうした気づきは、「大切にしているものってなんだろう」という直接的な問いからは案外見えないもので、見落としがちな物事の本質に気づけることがあります。そう考えると、イライラしながら読んだ本も、退屈に感じた本も、必要な出会いだったのかもしれないと、読書体験に価値をもたせることができます。

News

Part 1

07

折ったり書き込んだりしてもいい

わたしは本を読んでいる時、ページの角を折ってドッグイヤーをつけたり、蛍光ペンで印をつけたりします。それも、かなり積極的に。星マークをつけたり、余白にひとことコメントを書き込んだりすることも。「本は汚したくない」と言う人もいますが、わたしは折り目や書き込みを「汚れ」だと思ったことはありません。大学受験の勉強をしていた頃は、英単語帳が使い込まれてボロボロになっていくのがすごく好きでした。「自分のものになっていく」そんな感覚にうれしくなります。本を読む時もこれと似ていて、たくさんのページに折り目がついていたり、何度も読んで紙がやわらかくなっていたりすると愛着がわいてくるんです。どうやら本を自分色に染めるのが好きなタイプのようですね。

わたしの読書法には、わたし流のちょっとしたお作法があります。

その一　「すごく自分に響く」と思うページにドッグイヤーをつけながら読み進める。

その二　本を読み終えたら、ドッグイヤーをつけたページを読み返す。その際、「やっぱりここが好き」と思った箇所にマーカーを引く。

その三　マーカー箇所で「特にここが最高」と思ったところに星マークをつけたり、余白にひとことだけ感想メモを書き込んだりする。

ドックイヤーをつけながらマーカーも引き、書き込みながら読めば1回で済むので、これを手間に感じる人もいるでしょうか。でも、その手間をあえて作っています。理由はひとつ、「より味わうため」です。いいなと思った文章は何度も読みたいんです。この方法だと、最低でも3回は読むことになります。最初に読む時、読み返した時、そしてマーカーを引く時にも、じっくりその言葉を読んでいます。そうやって何度か読み返しては、お気に入りの言葉をたっぷり味わうのが好きなんです。

時を経て読み返すと過去の自分と出会うことができるというのは、「05 読んだ内容は忘れたっていい」でも話しましたが、それだけでなく、マーカーの箇所は、「とりあえずここさえ読めばいい」というダイジェスト的な役割も果たしてくれます。それを読み返すだけでも、自分にとって「要」となる部分を再び味わうことができます。実用書やビジネス書であれば「そうそう、これこれ！」と自分の指針を得ることができ、小説であれば「やっぱりおもしろいなぁ」と物語のよさを再確認することも。そうやって読んだあともその本に触れることができると、一冊一冊がよりいっそう特別な存在になっていきます。

Part 1

08

声に出して読んでもいいし、静かに読んだっていい

わたしは短歌が好きです。31文字に凝縮された言葉から想像が広がるのが楽しく、何より言葉のリズムが心地いい。声に出して読んでみたくなるので、外出先にはあまり持っていかず、家で読みます。工藤玲音さんの『水中で口笛』という短歌集は、リズミカルで、つい口ずさみたくなるお気に入りの一冊。声に出してみると、短歌の5・7・5・7・7のリズムの魅力がよくわかります。たとえば、〝三色のボールペン押す戻す押す押す大人に納得いかない夜に〟。黙読していても心のなかで音が鳴ります。小説を読んでいて「この表現が好き!」と思った時にも、エッセイや自己啓発書でハッとさせられる考え方に出会った時にも、その部分を声に出して読むことがあります。視覚的な情報だけでなく、声に出すことで聴覚も

働かせるんです。そうすると、より自分の心にきざみこめる気がしています。

声に出して読むと、言葉が体の隅々まで行き渡るような、不思議な感覚を味わうことがあります。音声メディアVoicyでお気に入りの本の好きな文章を紹介していると、読み上げながら、内容や意味が自分のなかに染み込んでいきます。理解できない文章に出会った時も、声に出して読むと言葉が自分のものになり、急に理解が進むことがあります。とはいえ、ほとんどの読書時間は黙読で本の世界に没入します。いま、わたしはカフェでこの原稿を書いていますが、ちょうど両隣の席の人も本を開いて黙読中。ひとりで過ごす方法はスマホゲームや動画視聴などいろいろありますが、静かに本を読む姿は知的なオーラを放っていてすてきです。考えてみれば、声には出していなくても、頭のなかで読み上げていることはあるかもしれませんね。わたしは、その本の書体や文章の雰囲気、著者の性別で声をイメージして頭のなかで再生しています。いま、この本がどんなふうに読まれているのか、ちょっと気になります。

読書は基本、ひとり行動ですが、わたしはたまに夫と一緒に読むことがあります。誰かと本を読むなんて、小学生以来したことがありませんでしたが、誕生日に『ぼく モグラ キツネ 馬』という絵本をプレゼントしてもらった時に、「一緒に読んでみると楽しいかも」と思ったんです。夫と一緒に絵本を読む、この体験は新鮮で、なかなか楽しかったです。シンプルな文章を交互に音読しながら、いつもよりていねいにページをめくりました。小学校の国語の授業を思い出し、なつかしい気持ちにもなりました。誰かと声に出して本を読み合うと、なんだか特別な空気感に包まれ、ちょっとした非日常を味わうことができるようです。

Part 1

09

紙でも電子書籍でも、自分が好きなほうで読めばいい

新潟で暮らしていると車移動が多いので、紙の本を何冊も持ち歩くことにあまり抵抗がありません。それが関東に帰省すると電車移動になるので、途端に荷物だと感じてしまいます。そうなればわたしも1~2冊にしますが、こんな時に電子書籍は便利だろうなと感じます。何冊分も持ち運ぶことができて場所をとらないし、いつでも手軽に購入できるのもいいところ。真夜中でも、海外にいても、ほしいと思った時にすぐ手に入れられるなんて夢のようです。辞書機能や検索機能も便利らしいですね。

友人に、「資料的に扱う自己啓発書やビジネス書は電子書籍で読み、小説は紙の本で読む」と使い分けている人がいます。電子書籍だと気になった部分を簡単にチェックしておけるし、わからない単語は

すぐに辞書をひけるので、ビジネス書では特に便利だそうです。小説は物語全体のどのあたりを読んでいるのかがわかる「紙」で読みたいんだとか。秀逸な使い方だと驚きました。情報を得る読書と、物語を味わう読書とでは目的も変わるので、好みに合わせて媒体を選択できるのはいいことですよね。

Amazon の Kindle Unlimited に登録している友人は、そこから本を選んで読み、読書はすべてそのなかで完結させているようでした。読み放題できる作品は随時変わるので、飽きずに楽しめるそうです。書体や文字サイズ、行間まで変えられて、自由度が高いのも魅力のひとつ、とのこと。本をどこで購入するか、どうやって読むかは人それぞれで、生活環境などによっても変わっていくものなのかもしれません。わたしは「紙の本」で読むのが好きなので、電子書籍の便利さを体感したことはありませんが、こんな話を聞いていると、電子書籍の便利さも魅力的に感じます。

それでもわたしが電子書籍を活用しないのは、「本」というプロダクトそのものが好きすぎる、という理由があります。手に納まる紙の束に、壮大な物語や、ものすごい情報量がおさまっていると思うと、とても贅沢に感じるんです。そもそも、紙好きでもあります。ノートとか便箋とか。それに、電車で文庫本を読んでいる人や、カフェでコーヒー片手に読書する人に、かつて憧れがありました。形から入るタイプなので、なおさら「読書は紙の本じゃなきゃ！」と思っているところは大きいです（笑）。紙の本だと、どのあたりを読んでいるのか、どのくらい読み進めたかがわかりやすく、読書をしている手応えを感じやすいところも好きです。「あ、もうすぐ読み終わってしまう……」という情緒的感覚や、「あっというまにここまで読んじゃった！」という達成感は、紙の本だからこそ得られるものだと思っています。

Part 1

10

読んでみないとわからないから ジャケ買いで問題なし

本を見た目だけで買うことはよくあります。装丁が魅力的だったり、タイトルを見ただけでグッときたりした時は、中身を確認するより前に「これほしい！　買う！」と、自分のなかで購入することが決定しています。要するに、ひとめぼれして「ジャケ買い」するわけです。いまではそんな調子ですが、読書初心者の頃は本屋に行っても何を買えばいいのかわかりませんでした。ファッションに自信がない人が、「自分に似合う服がわからない」「服屋さんに入るのさえちょっと緊張してしまう」、そんな感覚と似ているかもしれません。当然どんなものが流行っているのかも知りません。「そんなの好きな服を着ればいいんだよ」「なんでもいいから読みたい本を読めばいいんだよ」と言われてしまうような話ですね。でも、

わからなかったんです。とはいえ、動き出さなければ先へは進めないので、見た目が好きなものを選んでみました。「なんとなくこの本の装丁、好きな感じだな」「なぜか、ほかのものより惹かれる気がするな」と、そんな曖昧さで。でも、やはり動けば変わるもので、読んでみると「この感じ好きかも！」「この作家さんの本、違うものも読んでみたいな」と、一冊の本をきっかけに読書の幅が広がっていきました。

小説はあらすじ、エッセイや実用書は目次を最初に確認してから買う人が多いでしょうか。でも、たまには「読むまでわからない楽しみ」を味わうのもおもしろいです。わたしの友人には「小説はすべてジャケ買い」という人がいます。なんの前情報もなく、タイトルと装丁だけで「どんなお話だろう」と想像するのが楽しいようです。メニューの名前だけを見て、見た目や味を想像しながら料理を注文するような、どきどきわくわくする感覚で。そんな話を聞いて、わたしもジャケ買いをしてみた小説があります。江國香織さんの『きらきらひかる』の文庫本です。『きらきらひかる』はタイトルの書体がどこか独特でかっこよく、薄紫と白の抽象的な装画にひとめぼれしました。時間をかけず読みきれそうな薄さもいいなと購入して家で読んでいると、読めば読むほど、この物語を知っているような気になってくる……。もしやと昔のカメラロールをさかのぼってみたら、なんと大学2年生の時にもこの本を読んでいました。まったくと言っていいほど小説を読んでいなかった学生時代に、唯一読んだ一冊。おそらく当時も何を買っていいかわからず、ジャケ買いしたのでしょう。夫婦の物語なので、学生時代にはどこかピンとこなかったような……。それですっかり忘れていました。約10年の時を経て、再びジャケ買いするとは。まさかの体験に自分でも笑ってしまいました。でも、そんなふうに自分の直感で選ぶものって案外変わらないんですね。結婚し、夫婦になったいま読む『きらきらひかる』は、とても共感することばかりでした。不器用なところもあるけれど、お互いに愛情と思いやりあふれる夫婦の話にキュンとしたりして。またこの本に出会えてよかったと思っています。

10年前のわたしのように、見た日だけで選ぶと「想像していた中身と違った」ということは少なからず起こってしまいます。でも、中身を吟味してから選んでしまったら、無意識に読みやすそうなものを選んでいた、という結果にもなりかねません。わかりやすい本というのは、自分がある程度知っていることが書かれていたり、共感できることが書かれていたりするものです。それではなかなか自分の枠を飛び越えられない気がするんです。もちろん、実用書や参考書は話が別で、わかりやすい本が必要な場面もあります。でも、たまには、直感的に選んでみるのもいいなと思っています。読みづらい本や想像していた内容と違う本に出会ったとしても、それはそれで「学び」だと考えることができます。読みづらい本を読んで自分の苦手に気づいたり、反対に自分の得意に気づいたりするかもしれません。想像していた内容と違ったとしても、その意外性が案外おもしろく、新たな世界が広がったりするかもしれません。どんな読み方をしたっていいわけなので、きっとどんな本からも学べることはあると思います。

「見た目より大事なのは中身だ」なんて話もありますが、わたしは見た目というのは、「中身のいちばん外側」だと思っています。見た目だって、中身の一部。そう思うようになったのは、文月悠光さんの『わたしたちの猫』という詩集に出会ったのがきっかけかもしれません。タイトルも気になりますが、ピンクと水色の装丁がとにかくかわいいんです。和紙のようなざらっとした紙の質感も心地よく、ずっと触っていたいと思うような愛しい手触り。本を開くと、やさしい桃色の用紙に文字が印刷されていることにもときめきました。そのやさしい桃色に映えるシルバーグレーのスピン（紐の栞）もすてき。「なんてかわいい本なんだ！」と、まだ内容を知らず、それがどんな本かもわからないのに、心がおどりました。家に帰ってゆっくり読んでみると、文月さんが19歳から5年間で書いた「恋の詩」を集めたものでした。文月さんの上品で繊細な言葉づかいや、美しい比喩表現は、この本のきれいな装丁や用紙の桃色ともマッチしていて、そのこだわりの深さにとても感動しました。本とは、装丁や用紙も含めて本なのだと実感し、それからは本を手にとるたび「どうしてこの本は、この装画なんだろう」と、そんなことも考えるようになりました。

Part 1

11

「いまじゃない」と思ったら寝かせるのもあり

本を読んでいると、途中で「あ、これ、いまじゃないな」と思うことがあります。単純に「気分と違った」という場合もあるし、「もう少し落ち着いて、ひとりでゆっくりできる時に読みたいな」という、時間や場所が問題な場合もあります。わたしはそんな時、いさぎよく読むのをあきらめて別の本を読んだり、ほかのことをしたりします。読むことを放棄するのではなく、また読みたいと思うタイミングまで置いておくんです。「いったん寝かせておこう」と、そんな感覚です。「長く寝かせておく」の「長く」がどれくらいかはその時々です。たとえば、女性が人生を強く歩んでいく物語を読みたくて買った小説があったとします。読んでみると主人公は「ママ」で、子育てを取り巻く物語。そうなると、親でなければあまり

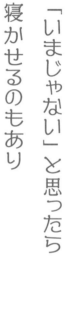

共感できず、「いまじゃない」と感じるかもしれません。また、新たな恋の予感がして、わくわくしながら恋愛小説を読み始めたものの、恋愛観があまりに違っていたら、「いまじゃない」と本を閉じるでしょう。「この本を読むのはきっといまだ」と思えることもあるので、その時がくるまで寝かせておきます。

本を読まないで置いておくこと（いわゆる積読）は、どこか放置しているような扱いに、うしろめたく感じる人もいるかもしれません。でも、本を読むという行為には、その時の自分の状態や気分が大きく関わるので、「いつ読むか」というタイミングこそ重要だと思います。わたしの本棚には、買ってそのままにしてタイミングを待っている本も、少し読んで「いまじゃない」と寝かせている本もたくさんあります。いずれにせよ、その本にとってベストなタイミングで読みたいんです。

永田希さんの『積読こそが完全な読書術である』には、〝アドラーの『本を読む本』の読書の方法の分類によれば、途中で本を読むのを止めることはしいて言えば「点検読書」に含まれるものでしょう。大量の本が出回っているときに、たまたま読もうと思った本が自分が「いま」読むに適したものなのかを判別する、これは現代においてはむしろ推奨されるべき読書の方法なのです。〟とありました。アドラーの点検読書とは、その本がいまの自分にとって、読むのに値するか否かを見極める読書のことだそうです。本に限らず、さまざまな娯楽や情報があふれる現代だからこそ、なんとなく流されるように本を読むのではなく、いまの自分に必要かどうかを判断することが大切だというのは、とても納得できます。

話は少し逸れますが、これからわたしにとって大切なできごとの話をします。

わたしは、「死」に関する本はどうにも悲しい気持ちになるので、読むことができずにいました。ですが最近、祖母を亡くして深い悲しみを経験し、本に助けを求めた時、「死」をテーマにした小説が読みたくなったんです。いくつかの本を読み、さまざまな主人公と自分を重ね合わせてはその気持ちに共感し、残されたものの心の持ち方を学びました。ある本には、死ぬことは、図書館に本をかえすようなものだということが書いてあり、別の本には〝私が死の恐怖を乗り越えたのは、死んでも死なないと思うことにしたからです。そういう考えを単に採用したんです。〟とありました。なかでも、ヘンリー・スコット・ホランドさんの『さよならのあとで』は、わたしにとって特別な一冊になりました。この本に綴られているのは、まとめるとたった42行の言葉。まったく何もないまっさらなページを挟みながら、余白たっぷりに、シンプルなイラストと42行のかけらが散りばめられています。

〝死はなんでもないものです。私はただとなりの部屋にそっと移っただけ。〟

この一節に、本当に励まされました。

〝私のことをこれまでどおりの親しい名前で呼んでください。あなたがいつもそうしたように気軽な調子で話しかけて。〟と、短いなかに多くが凝縮された文章は、まるで死者が語りかけてくるよう。頭のなかでは祖母の声で再生され、涙があふれて止まりませんでした。深い悲しみはすぐに癒えるものではありませんが、わたしはこの本に救われました。祖母のことを想っては「もう会えない」と、そればかり悲しんでいましたが、その人を思い出すことは死者へのいちばんの弔いになることも知りました。

話を戻しますが、これは「いま、この本に出会えてよかった」と心から思えた読書体験のひとつです。もっと前にこの本に出会っていても、こんなにも深く心に響かなかっただろうと思います。すべての本がそうであるとは言いませんが、しかるべきタイミングで出会う本ってあるんですね。特に、悲しみのなかで出会った本は、生涯忘れがたい一冊になると思います。人生には悲しいこともたくさんありますが、そんな時こそ、わたしは本を読もうと思っています。

本は、喜怒哀楽どんな気持ちでいる時もそばにいてくれます。最近のわたしがそうだったように、悲しみに寄り添ってくれることもあります。その一冊一冊を想うと、本には何か「友達」に近いものを感じます。それならば、「いま読みたい」という気持ちも、「いまじゃない」という気持ちも、どちらにも気をつかう必要なんてないと思います。

Part 1

12

絵本や児童書を大人が読んだっていい

栃木県でアナウンサーをしていた頃、ご主人と経営するログハウスに絵本の部屋を作り、イベントを開催するなど、絵本の魅力を発信しようと精力的に活動されている女性を取材したことがありました。「絵本を買いに東京の本屋に行くと、大きなトートバッグいっぱいに買ってきてしまうの」と、うれしそうに話す彼女の姿が印象的でした。その時、「絵本って、子どもだけのものじゃないんだ」という事実に、衝撃を受けたんです。それまで「絵本＝子どものための本、子どもがいる親が買う本」というイメージをもっていましたが、誰が読んでもいいんだと、そんな当たり前なことに気づかされ、昔よく読んでいた絵本を久しぶりに読んでみました。おそらく20年ぶりだったと思いますが、「絵本を開く」ということに

わくわくし、しばし現実を忘れていました。読んだのは『バムとケロのにちようび』。最後に主人公のバムとケロが一緒にドーナツをたくさん揚げるシーンが大好きでした。とにかくおいしそうで、幼いわたしには夢のような量がとにかく羨ましくて……。そのページを眺めては絵本のなかに入りたいと、何度も何度も思っていました。久しぶりにさまざまな記憶がよみがえり、その頃がなんだか愛おしくなりました。かつて絵本を読んでもらった記憶も愛されていた実感に変わり、いま思い出しても心があたたまります。以来、絵本や児童書をまた身近に感じるようになりました。最近は昔大好きだった「ミッケ！シリーズ」を買い集めたり、ヨシタケシンスケさんの絵本にハマったり、本屋で児童書コーナーに行く機会も増えています。

絵本や児童書には、物事の本質がつまっていると感じます。誰にとってもやさしい言葉で簡潔に書かれていますが、読んでいると考えさせられることばかりです。松浦弥太郎さんの『エッセイストのように生きる』には、〝次から次へと情報をインプットすることがあたりまえになったことで、ほんとうに「わかった」ものはどんどん減っているように僕は感じています。「知る」と「わかる」は、まったく違うものです。(中略)「わかる」ために、たくさんの情報は必要ありません。むしろ少ないほうが、自分の頭の中で問いと答えのラリーをつづけることができます。〟とあります。情報こそ簡単に手に入れられる時代ですが、絵本や児童書を味わいつくすには洞察力や思考力、考察力や創造力が試される気がします。絵本に書かれていること、大人は本当にわかっているのでしょうか。たまには絵本を読んでみるのもいいかもしれません。年齢や自分の人生のステージを理由に読む本が限られてしまうなんて、そんなのもったいない。

Part 1

13

文字を読むだけが読書じゃない

写真集やイラスト集、図鑑やコミック、雑誌を読むことだって、立派な読書。その証拠に、辞書には「読書」は「本を読むこと」、「本」は「書籍。書物。文章・絵画などを筆写または印刷した紙の束をしっかり綴じ合わせ、表紙をつけて保存しやすいように作ったもの」とあります。たとえば夫婦でカレー屋を営む我が家には、レシピ本が大量にあります。夫は「食」に関する本が大好きでたくさん集めていますが、『世界のサンドイッチ図鑑』や『美しい焼き菓子の教科書』、『図解 ワイン一年生』など、カレー屋なのに関係のないような本も多いです。でも、「レシピを見ながら作る」という使い方ではなく、それらを読むことによって、シェフである夫はきっと多くのインスピレーションを受けているんだと思います。気

分転換にわたしもパラパラめくってみると、おいしそうな写真や斬新な食材の組み合わせに心がおどります。

「パラパラめくって楽しむ」ができるのは、写真やイラストがある本ならではのことかもしれませんね。ファッションに注目していた頃は、無難な服でおしゃれに見えるコツがイラストで描かれた本を楽しく読んでいたし、最近は鉱物図鑑をおもしろがって眺めています。イラストがかわいいと癒され、繊細な写真は見ていて飽きません。『& Premium』という雑誌もよく読みます。パラパラめくっては眺めて、理想の生活を妄想するんです。雑誌は作り手が多い分、さまざまな文章や情報に出会えるのもうれしいポイント。写真やイラストを使って情報をビジュアル的に見せているので、具体的に妄想の世界を楽しみ、それを現実的に考えられるおもしろさがあります。

山口由美さんの『昭和の品格　クラシックホテルの秘密』は、日本各地のクラシックホテルの美しい写真にビビッときた一冊。何度も見返しては惚れ惚れし、世界観に魅了されています。その本を参考に、クラシックホテルや古きよき建築物を訪ねるのも密かな楽しみ。夫が何気なく買ってきた一冊でしたが、わたしにとっては運命的な出会いになりました。いつ、どんな本がビビッとくるかはわからないですね。

本は、その時々の自分の「好き」や「知りたい」に忠実に答えてくれます。どんな「好き」も受けとめてくれるし、その世界を広げてくれる。そして、より好きな気持ちを深めてくれる、そんな存在だと感じています。「書くこと」が好きなわたしは、古川武士さんの『書く瞑想』という本に出会った時もビビッときて、「知りたかったことがすべてここに詰まっている！」と興奮した記憶があります。

Part 1

14

「読んでみようかな」の気持ちが大切

本を読むきっかけは人それぞれ。たまに本を読む人の多くは「この小説、好きな俳優さんが主演で映画化するから読んでみようかな」とか、「最近まわりで流行っていて気になるな」とか、そんなところではないでしょうか。わたしが本を選ぶ時は、「この本を持っている自分が好き（かっこつけの読書）」「憧れの人が読んでいたから読んでみたい（まねっこ読書）」「気になる本を見つけた（宝探し読書）」「自分の直感が反応した（ハンティング読書）」「最近読んでいる人が多くて気になる（ミーハー読書）」「知見を深めたい・もっと知りたい（知的好奇心読書）」「好きな作家さんの本はもれなく買う（芋づる式読書）」などがあります。動機はいろいろですが、「なんとなく読んでみたい」という気持ちは同じです。

夫は「かっこつけの読書」が多い人。自分の本棚に置いておきたいという理由だけで、バンバン本を買います。たとえば世界的ベストセラーの『サピエンス全史』、『モモ』や『星の王子さま』といった海外の児童文学の名著、本棚にあったらかっこいいだろうとジャケ買いした『愛するということ』など。はじめは、その感覚が理解できませんでしたが、最近になって「かっこつけの読書」の魅力がわかってきました。その本を持っていることが自信になったり、いつの日かそれを読むということが自分の指標になったりするんです。本棚に置いてあるだけで、そこに見えているだけで、そんな効果があるなんて。本ってすごい。

近藤康太郎さんの『百冊で耕す』のなかに、こんな一節がありました。〝広義の積ん読とはなにかというと、将来読むつもりで、本棚に入れておくこと。お飾り。いわば、ファッションとしての積ん読。そしてファッションは、読書にとってとても大切な要素だ。着飾り、背伸びを、楽しむ。〟と。まさにこれです。

わたしの場合、圧倒的に多いのが「まねっこ読書」。信頼している人や、憧れの読書家さんが「これがおすすめ！」と言った本は必ず買ってしまいます。島田潤一郎さんの『電車のなかで本を読む』には、〝ぼくはこれまで、友人が勧めている本を読んで、「全然おもしろくないなあ」と思ったことが何度もありますが、そのことによって逆に、友人の知らない部分を知ったり、自分の読書の範囲が思いもよらぬ方向へ広がったりした経験があります。〟とありました。たとえ自分にとってはパーフェクトな一冊ではなかったとしても、誰かのおすすめの本を読んでみると、読書の幅が広がったり、コミュニケーションの種になったりと、新たな扉が開けることがあります。

つまりは、本を読むきっかけなんてなんでもよくて、「読んでみようかな」という気持ちが芽生えたことが大切なんだという話です。だからどんな小さな好奇心でも、歓迎して読書を楽しんでいます。わたしの本棚にもずいぶんと本が増えましたが、いろいろなジャンルの本が並んでいます。たとえば、女性の生き方や働き方が知りたくて集めたエッセイや、人の内面を生々しく描くのが上手な作家さんの小説など。「書くこと」に夢中になっていた時は、ジャーナリングや手帳に関する本も手当たり次第読みました。「これが、これまでのわたしの好奇心の集合なのか」と、本棚で自分を俯瞰して見るようでおもしろいです。

本を読むタイミングは、読んでみようと思った時が「旬」だと思っています。「〇〇な本が読みたい」と思うことがあったら、「この貴重な気持ちを逃すまい！」と、本屋に駆け込みます。「鉄は熱いうちに打て」というように、「読みたい！」と気持ちがのっている時こそ読むべきタイミング。その本への感度も高まっている気がするんです。それに、頭のなかは意外とブラックホール。読みたい本があっても後回しにしていると、そのまま思い出せず忘れてしまうことが多々あります。なので、わたしは気になった本はスマホに必ずメモをします。SNSでほしい本を見つけた時はスクリーンショットで保存。こうして読みたい本がどんどん増えていくこともうれしいです。

「読んでみようかな」と同じくらい、「違ってもいいから買ってみようかな」の気持ちも大事です。というのも、わたしが本を読み始めたばかりの頃、「読んでみたいけど、読めるかな……」と、真っ先に「読めない自分」を想像してしまっていました。かつては「買う＝完読しなくてはいけない」と思い込んでいたので、本は気軽に買えるものではなかったんです。いまは気になればすぐに買うので積読本も増えていますが、過去のわたしがタイムスリップしてきたら、「読まないのに買ったの？　意味がわからない」とか言われそう（笑）。「とにかくいろいろ読んでいると、素晴らしい一冊に出会える時があるんだよ！」と言い返したいですね。長田弘さんの『読書からはじまる』という本には、〝おもしろいと思う本も、つまらないと思う本もある。どんな本とも、結局おなじです。最初から、これがいい本であるという本を読まなくてはと思うと、億劫になる。いいかどうかは自分で読んで決める。すなわち、読書の鉄則は、ただ一つです。最初に良書ありき、ではありません。下手な鉄砲、数撃ちゃ当たる、です。〟とありました。誰かのおすすめ本が自分好みかは読んでみないとわからないし、話題の本やベストセラー作品がその時の自分にマッチするかどうかもわかりません。だから、読書に失敗はつきもの。それを失敗と思うかどうかは自分次第です。

Let's Cook
Camp

Part 1

15

好きな場所から読めばいい

「本とはこういうもの」「読書はこうでなければならない」と、かつては勝手な読書ハードルを作っていたわたしですが、何かをきっかけにそれが崩れてからは、本当に自由な読み方をしています。そう感じるひとつに、「読みたいページから読む」ということがあります。エッセイやビジネス書、自己啓発書など、小説以外の本は、「いまはここが読みたいなぁ」という部分から開いたり、読み進めるうちに「このテーマはいま読まなくてもいいかな」と思えば飛ばしてみたり、読みたいページから読みます。必ず1ページ目から読まなくてはいけないという決まりはないので、自分が好きなように、自由に本を読んでいいと思っています。本の隅に振られているページの数字を「ノンブル」と呼ぶそうですが、これはわたしにとって「読

み順」ではなく、「並び順」でしかないわけです。もちろん、最初から最後まで全部しっかり読みたいという気持ちはあります。最近読んだ銀色夏生さんのエッセイ『私たちは人生に翻弄されるただの葉っぱなんかではない』は、章分けされておらず、見出しとエッセイが、ただただ綴られているような本でした。なので、パラパラとめくって、その日その日で読みたい部分から読むという方法で完読しました。こうすると繰り返し何度も読む部分もありますが、前回とは感じ方が違ったりして、それはそれでおもしろいです。買ってから時間が経って読みたい気持ちが薄れてしまった本は、「とりあえず読みたいところだけ読んでみよう」という気楽な気持ちで、つまみ読みから始めることもあります。

本好きと言えど、読み方は本当にそれぞれ。わたしのまわりには小説を「解説」から読む人がいたり、物語の最後を先に読んで結末を知ってから最初に戻って読むのが好きだという人がいたりします。本屋で本を選ぶ時も、まず目次を見る人もいれば、「奥付」(本の終わりに載っている出版情報)を見る人もいます。そんな話を聞いてから、わたしも奥付を見て「いつ刊行されて、いまは何刷りなのか」を確認することがありますが、その本の歴史や人気度が少しわかるようでおもしろいです。

わたしの初の著書となるこの本は、章分けされており、さらに1章から3章についてはテーマに数字が振られています。この数字は読み順ではなく並び順なので自由に読んでほしいと思いますが、この本を作ったことで、並び順にも意味や作り手の想いがあることを知りました。いまは本を読む時、作り手の側に立って、著者がどんなメッセージを伝えたいのか、本の構成や展開にも目を向けてみる、そんなことも楽しめるようになりました。

Part 1

16

シリーズものだからって制覇しなくていい

『賢者の石』『秘密の部屋』『アズカバンの囚人』と聞けば、誰もが「ハリー・ポッターシリーズ」だとわかるでしょう。このようないわゆる「シリーズもの」ってありますよね。つい揃えたくなるし、順に読みたくなります。「1巻と2巻を読んだなら、そのあとも」と、制覇したくなる気持ちもうまれます。でも、わたしは読む順番や読破するか否かをあまり気にしません。まずは読みたいと思った本を読み、それから考えます。制覇することが目標になると、途中で義務感のようなものに変わり、息苦しくなるからです。実際に、シリーズものの途中から読んだ本はいろいろあります。たとえば、『夢をかなえるゾウ』。これは「4 ガネーシャと死神」から読みました。先に全巻読んでいた夫に「いまのあなたには4がおすす

め」と言われて、読みたいと思ったからです。4には「夢のかなえ方」だけでなく「夢の手放し方」についても書かれていました。当時、欲ばかりを追い求めて、どこか気持ちが満たされていなかったわたしにぴったりの作品で、「いったん落ち着こう」「いまのままでも充分じゃん」と、そのままの自分を肯定することができました。次に、1を読みました。やりたいことばかりが目立っていましたが、1を読んで「本当にかなえたいこと」を見つめることができ、夢のかなえ方を素直に吸収できたように感じます。

シリーズものの順番を気にしない人は案外多くいそうですが、上下巻の下巻から読む人がいると知った時は少し驚きました。でも考えてみれば、テレビドラマを○話目の途中から見始めることはよくあります。テレビをつけたタイミングでやっているのをなんとなく見ていたら、おもしろくてそのまま最後まで、という状況です。いきさつや登場人物の関係性を想像しながら見進めて、気になれば見逃し配信などで最初から見ます。もはや先のことは知っているので、想像の答え合わせをするような作業ですが、小説を途中から読むという人も、こうした自分の「想像性」を楽しんでいるのかもしれません。

ちなみに小説以外の書籍にもシリーズものはありますが、これも自分の好きなように読んでいます。作家さんの作品がシリーズとして展開されていることもありますが、これもあまりシリーズだと意識したことはないかもしれません。朝井リョウさんのエッセイ「ゆとりシリーズ三部作」は2作目から、林真理子さんのエッセイ「美女入門シリーズ」は最新刊からさかのぼって読んでいます。シリーズの番号が振られていると「最初から読んだほうがいいのかな」「全部読まなきゃ」と思ってしまいがちですが、「その時自分が本当にそれを読みたいか」という気持ちと、本との相性を大切にしています。

Part 1

17

本屋はふらっと立ち寄ってもいいところ

本屋は、週に1度は行くくらい身近で、よく行く場所。「本を買いに行こう」という時もあれば、用事で近くを通った時に立ち寄ることもあるし、なんとなく散歩をしたい時にも行きます。普段は車移動が多くて歩く機会が少ないので、本屋に行けば必然的に店内でも動き回ることになり、ちょうどいいんです。本屋は静かで落ち着いていて、印刷物のにおいがして、なんとなく気持ちが落ち着いてリラックスできる空間です。本に囲まれたなかを歩いていると、「ここに誰かの人生がつまっている」「これで誰かの頭のなかをのぞき見ることができる」と、一冊一冊をそんなふうに感じることがあります。壮大さに圧倒されたり、好奇心がくすぐられたりして、棚に並んだ本を眺めて歩くだけでもエネルギーを感じます。直感的

に目にとまった本があれば、「そういえば自分の興味は、いまこういうことに向いているかも……」と気づきます。本と向き合っているようで、自分と向き合っているような感覚があるから不思議です。自分の表面上にある気分ではなく、もっと内側にある興味や関心、好奇心が刺激されるのでしょうか。そういう意味では、読書は「自己発見ツール」のひとつだと言えます。「いまの自分がわからない」「なんだかモヤモヤする」「悩んでいることから抜け出せない」と、頭のなかがごちゃごちゃする時こそ、本屋に行ってみると自分を見つめるヒントが得られるのかもしれません。

わたしが本屋に行く理由がさまざまあるように、本屋にはいろいろなお客さんがいます。夏の暑い日の大型書店には涼みに来ている人がいたり、町の古本屋には掘り出し物の古書を見つけて歴史を感じている人がいたり、駅前の本屋には待ち合わせまでの時間つぶしにグルメ雑誌を立ち読みしている人がいたり……。どんな過ごし方をしても、本屋はいつもわたしたちを受け入れてくれます。とはいえ、お店なので当然、見るだけではなく「買う場所」でもあります。ネットでも簡単に買える時代ですが、わたしは本屋で本を見たり選んだりすることが好きです。もしかしたら読んでいる時よりも、「選び、買う」という時のほうが、アドレナリンが出ているかも。読書の楽しみは「自分で選び、自分で買う」というところから始まっているように感じます。世の中にある本の数は増え続けていて、とても数えきれません。そのなかから自分が「これだ!」という読みたい一冊を見つけ出すのは、まさに宝探しです。なんだか大げさですが、そんな探険気分でわくわくしながら本屋にいるので、気がつくといつも滞在時間は1時間以上。「いまのわたしにぴったりハマるもの」を選び抜こうとして、ついつい真剣になってしまいます。そうやって時間をかけて吟味した本を読んで、「まさにこれだった!」と思えると、満足感や達成感すら感じます。自分に合う一冊を見つけられた時は、なんとも言えない満たされた気分になるんです。

ネットで買えば荷物にもならず、家まで届けてもらえるこの時代に、なぜ本屋で買うことが好きかというと、自分で「手に入れた」という感覚、そしてその喜びを、一冊一冊の本に対して味わいたいからです。本を買うことは「わたしはいまこの本を読もうと思った」という、ささやかな決意でもあると思うんです。難しい本や読んだことのないジャンルであれば、「覚悟」とも言えるでしょうか。本を買うことは、そんな自分の気持ちごと買っている感覚があります。「この本を読める自分になりたい」「これに詳しくなりたい」という憧れの気持ちだったり、「癒されたい」「どきどきわくわくしたい」という楽しみだったり、本を買った先にある「自分の感情」も保障されるような気がします。これはやはり本屋で買うからこそ味わえるものです。自分でお金を払って店員さんから本を受け取り、それを自分で持ち帰る。それによって「買った」という実感が強まります。そう考えると、本は手に入れるだけですでに価値がある気がしませんか?読まなければ意味がないと思われそうですが、そんなことはなく、「自分で本を選び、自分で買った」というだけで、もうすでに本の価値を味わえているように思います。

また、本はどこで買っても値段が変わりません。スーパーマーケットみたいに「広告の品」があるわけでもなく、「月曜日は野菜がお買い得」のようなこともありません。だったらどこの本屋で買っても同じこと。ですが、どこで買うかも重要です。モノやサービスを買うことには、そのお店への「応援」の気持ちも含まれていると思っています。わたしが「このお店で買いたい」と思うなかには、「がんばってくださいね、また来ますから」という気持ちが少なからずあります。本屋めぐりをしていて新しい本屋に出会い、特にそれが個人でやっているお店だったりすると「何か買って帰りたい」という気持ちになります。その本屋と出会えた記念の一冊がほしいというのもありますが、自分が自営業で飲食店をしているからか、「この本屋、なくなってほしくない！」という切なる願いもあるんです。好きなアイドルや俳優さんに対して「これからも舞台に立ち続けてほしい！」と応援するような、一種の「推し活」に近いのかもしれません。わたしにとって本屋は憩いの場、もはやホームなので、ずっとそこに存在していてほしいんです。

Part 1

18

お金をかけなくても本は読める

「趣味は?」と訊かれたら、「読書」と答えます。しいて言えば「ジャーナリングと本屋めぐりと……」と、付け加えるものはありますが、多趣味ではないしお金がかかるものでもないので、「本にだけはいくらお金を使ってもいい」と決めています。「いくらでも」というと現実的ではありませんが、「ほしい本は買っていい」と自分を許している感じでしょうか。1冊千円前後の本でも、何冊も買えばあっという間に五千円は超えてしまいます。そんなことが度々あるとそれなりの出費になりますが、本にマーカーをひいたり、角を折ったりしながら読むのが好きなので、「借りて読む」というのは難しく、「買って読む」のがほとんどです。新しい本を自分の手になじませていく感覚は、本を買う醍醐味。まだ誰も開いていないまっさ

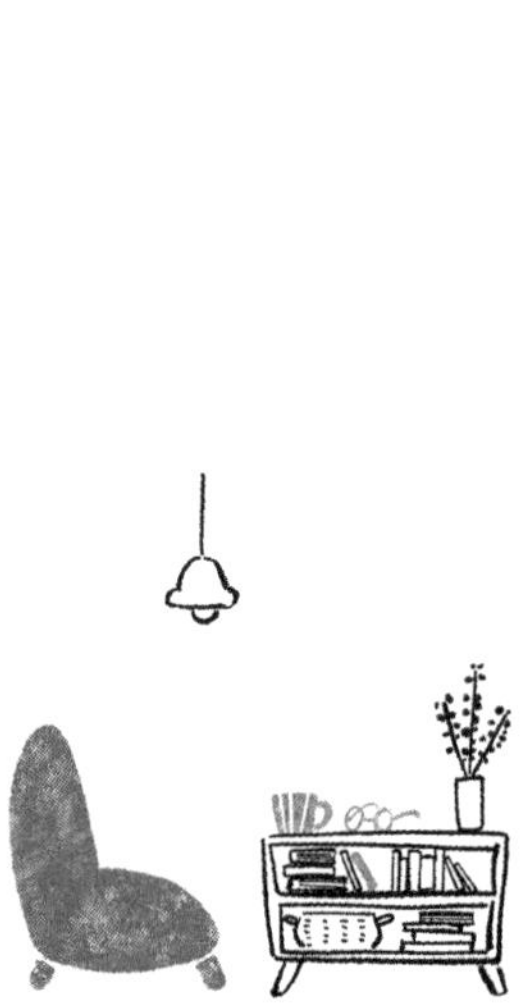

らな本を「最初に開く人」になるのは贅沢に感じます。本棚に本を置いておきたい、というのも本を買う理由のひとつ。自分の本棚に、お気に入りの本やこれから読みたい本を並べるのが好きなんです。我が家はリビングに本棚があって常に目に入るので、本棚も本も、インテリアの一部。毎日目にするものとなれば、そこに並べるものにはこだわりたいし、コーディネートも楽しみたいんです。

「本は買う派」のわたしも、図書館に行くことはあります。静かな環境で本が読み放題、しかも無料だなんて、最高にすてきな場所だと思います。自分の本を持ち込んで読むこともあれば、図書館の本を読むこともあります。気になった本をごそっと抱えて席について、つまみ読み。いいなと思う言葉やハッとする考え方に出会えたら、手元のノートにメモしたり、複写サービスを利用してコピーをとったりします。そうやって気になる本の、気になる部分を好きなだけ、という読書時間はなんとも贅沢なひと時です。

最近はブックカフェやブックホテルも気になっています。利用料金や飲食料金はかかるけれど、あらゆる本を心ゆくまで味わうことができます。新潟県の「カーブドッチヴィネスパ」という温泉施設に併設されているブックラウンジは、空間も選書も見事でお気に入りの場所。そこでの過ごし方はやはり図書館と同じで、気になる本をつまみ読み。たまらなく幸せな時間です。

友人に、よく図書館を利用し、気になる新刊は片っ端から予約をするという図書館予約の猛者がいます。人気作家の新刊ともなると、貸出予約100人待ちの場合もあるんだとか。彼女のなかで「読みたい本」と「手に入れたい本」は別らしく、順番がまわってくるのに数か月経つことがあっても、そのあいだにも別の本を借りて読んでいるので、問題ないようです。ほかにも、はじめて読む作家さんの作品や、人にすすめられて好みかどうかがわからないものは図書館で借りて試し読みをし、気に入ったら本屋で買うという人もいます。本は手におさまる「文庫派」という人のなかには、文庫化されるまで待ちきれず、読むのは図書館で借りた単行本、手元に置いておくのはあとで購入する文庫本という場合も。お金をかけるかどうか迷った時に、読みたい気持ちを尊重して図書館を利用するのはとても賢い読書法だと思います。

本は意外と、いろいろなところで目にすることがあります。美容院や病院の待合室には雑誌やコミック、あらゆるお店のキッズスペースには絵本があります。ブックカフェではない飲食店にも本が置かれていることはよくあって、わたしたち夫婦が営むカレー屋にも客席に本を置いています。店内を見渡すと自然に目にとまるところにさりげなく、あくまでも風景の一部として。少し手を伸ばせば届く距離に本があると、「ちょっと見てみようかな」と思う人が多いようです。料理を待っているあいだに、お客さまがなんとなく本に手を伸ばしてくれているとうれしくなります。なかには本に興味がない人もいらっしゃると思うので、雑誌や絵本、イラストや写真がたくさん載った本、余白が多めの本を積極的に置いています。お客さまからは、「普段は全然読まないけど、久しぶりに本を手にとってみたらまた読みたくなった」「本屋だとたくさんありすぎて何を選んでいいかわからないけど、友達の本棚から気になるものを選んでいるようで楽しい」というお声をいただきます。本に興味がなかった人や、最近は遠ざかっていた人の「読書のきっかけ」になれるのは、とても幸せなことです。

カレー屋で本が読めるように、ついででもいいから「そこに行けば本が読める場所」を見つけるのも楽しいかもしれません。わたしが通う美容院には、雑誌や絵本のほかに、暮らし・料理・美容などの実用書、エッセイなど幅広いジャンルの本が置かれています。そのなかから本を選ぶのも、その美容院に行く楽しみのひとつ。最近、そこで『のうじょうにすむねこ』という美しい絵本に出会いました。農場にすむ猫が農場を散歩しながら出会うさまざまな動物を紹介していくお話で、絵は、さまざまな紙を使ったコラージュで描かれていました。この技法に驚き、思わぬところで自分の知らない世界が覗けたこともうれしい体験になりました。誰かの本棚は、持ち主の頭のなかをのぞいているような感覚があり、本の背表紙を眺めているだけでもおもしろいです。本屋とは違った本との出会いがあり、もしかすると新たな扉も開けるかもしれません。

Column 01

本にまつわる○○派

本にブックカバーをつけるかどうか、帯をとるかどうかなど、本の扱い方は人それぞれ。本好きとしては、みんながどうしているのかついつい気になります。電車やカフェで本を読んでいる人を見ていると、本屋オリジナルのカバーやおしゃれな包装紙を巻いていたり、布や革のカバーをつけていたり、ブックポーチに入れていたり……。帯を外している人もいれば、カバーごと外している人もいたり、個性が出ていておもしろい。栞はどうでしょう。先日、本が大好きだった亡き祖父の本棚を見ていると、本の間にティッシュや中華料理屋のペーパーナプキンが挟まっていて笑ってしまいました。わたしもたまに同じことをするんです(笑)。本を併読することが多く、栞はいくつあっても足りないわたしは、基本的には帯を折りたたんで代用し、帯がない時は何かしらそこらへんにあるものを挟んでいます(笑)。

ブックカバーは
する派　or　しない派?

装丁が好きで見ていたいので基本的にはしない派。ただ、本屋オリジナルの紙のブックカバーのデザインも好きなので、たまにはつけてもらうことも。

帯は
とる派　or　とらない派?

文庫の帯は読む時に存在が気になってしまうので、必ずとります。でも、帯のデザイン込みで装丁が好きな場合はとりません。積読本は、帯はつけたまま保管。

Part 2

読みたい本の見つけ方

Part 2

01

悩んでいることに目を向けてみる

わたしはこれまで、ずいぶん多くの悩みを本に解決してもらいました。特に20代前半の頃は、恋愛や人間関係、これからのキャリアや生き方そのものなど悩みが尽きず、よく本屋に足が向いていたように思います。そんな時に出会った松浦弥太郎さんの『考え方のコツ』の「八勝七敗を目指す」というコミュニケーションの考え方は、なかでも特別でした。人間関係は勝ちすぎないこと、適度に負けることが大切だという内容でしたが、ここでの「負ける」とは、他人に譲ったり、目立つことなくおとなしくしたりするといった意味合いです。「八勝七敗の勝ち越し」は、もともと相撲の世界での考え方だそうで、これを知ってから、わたしの心は本当に穏やかになりました。もちろん荒れていたわけではないですが、も

ともと負けん気の強い性格で、他人と比べては自分に足りないものを探すのが癖になっていたんです。それで高みに向かって頑張れることもありましたが、そのうち自分の劣っている部分ばかり気になってしまうと、気持ちが沈むこともありました。でも、適度に負けることや、勝つことと負けることのバランスを保つことが大切だとわかり、必死だった自分から卒業することができました。なんとなくずっと、どうにかしたいと悩んでいた自身の「負けず嫌い」を手放せたのは、この本のおかげだと思っています。

わたしは社会人2年目から地元を離れてひとり暮らしをしていますが、はじめは悩みがあっても近くに相談できる相手がいませんでした。人に聞いてもらえないなら調べるしかない。でも、調べたって答えは出ないので、ここでもまた本を手にとりました。恋愛に悩んだ時は、心理学や脳科学の本を読んだこともありました。恋愛は本から学んだといっても過言ではありません。当時読んだＤＪあおいさんの『結婚は「だから、好き」より「だけど、好き」。』には、数々の名言に目が覚める思いをした、そんな記憶があります。

いまでも悩みがあると本に助けを求めることがよくあります。悩みがある時は、手助けしてくれるような考え方や言葉がほしいという目的があるので、本屋で気になるタイトルを手当たり次第に見て、いまの自分に合う本を探します。ぴったり合う本は「お薬」になり、おかげで楽になることはよくあります。最近は悩み別に、自分に対してうまく本を処方できるようにもなってきました。読書は自分を助けてくれる存在だと気づいてから、「もっと早く知っていれば、きっとあの時だって……」と考えることもしばしば。悩みがある時こそ、じっとしていないで本屋で悩んでみるといいかもしれません。

Part 2

02 おすすめの本を買ってみる

小説に読書ハードルを感じていた頃、「とりあえず表向きに置いてあるものを買ってみる」という選び方をしていました。表紙が見えるように置いてあるということは、本屋がおすすめしたい本であり、世間で話題になっている本だろうと考えたわけです。はじめてのお店でランチメニューに迷った時に「おすすめなら間違いないだろう」と考えるあの感覚、まさにそんな感じだったと思います。できれば外したくないですしね。そんな選び方で、出会えてよかった本はたくさんあります。なかでも忘れられないのは、渋谷の蔦屋書店で、やはり表向きに置かれていたから目にとまって購入した『しろいろの街の、その骨の体温の』という小説。『コンビニ人間』で芥川賞を受賞された村田沙耶香さんの作品でした。「学生時

代の言葉にならなかった気持ちが、この中につまっていました。この本に出会えて本当によかったです。」という、俳優の松本穂香さんの帯文も何か訴えてくる印象がありました。中高生時代に感じていた学校やクラスという組織へのモヤモヤした疑問や、初恋の正体のわからなさ、好きの気持ちの扱い方の難しさなど、名づけようもない感情たちに、くっきりと輪郭をもたせてくれた、そんな感覚があり、大切に持っておきたい一冊になりました。

あとになって知りましたが、本屋で台に本を重ねて積むことを「平積み」、本棚に背が見えるように差すことを「棚差し」、そして本棚で表紙が見えように並べることを「面陳列」と呼ぶそうです。当時のわたしは、「平積み」もしくは「面陳列」されている本を選んでいたんですね。いろいろな本屋へ行くようになると、本屋にも個性があることがわかってきました。店員さんの「推しの一冊」が紹介されていることもあります。それがコーナー化されている本屋も少なくなく、わたしがよく行くところには、「今すぐ読んでほしい、書店員厳選本棚」があります。時代やジャンルに関係ない本が一堂に会しているのも、心がおどり、選書したみなさんそれぞれの世界観がおもしろいです。おすすめ本は、推薦者の人柄まで映し出すのかもしれません。その人の人となりや背景を想像するのもまた楽しいです。

自分のことをよく知っている人に、自分専用のおすすめ本を教えてもらうと、また違った楽しさを味わうことができます。本好きの親友と本屋に行った時、「最近でいちばんおもしろかった本」を教えてもらい、「彼女が好きそうな本」をおすすめしたことがありました。お互いにおすすめ本を選ぶ時間が本当に楽しく、そして親友が選んでくれたというだけで特別な一冊になりました。

Part 2

03

SNSで気になる本を集めてみる

わたしは日常的にSNSで本を探します。おもにはインスタグラムで。読みたい本を探す「モノ検索」、自分好みの読書家を探す「ヒト検索」、そして、アプリのサジェスト機能によって流れてくる「おすすめ投稿めぐり」の3パターンを使い分けて、本との出会いを楽しんでいます。

「モノ検索」は自分が探しているキーワードや、作家名をハッシュタグで検索します。たとえば「小説」「ビジネス書」「エッセイ」「現代短歌」とか。本の内容を引用して紹介している人もいれば、個人的な読書感想を書いている人もいて、さまざまな投稿を気軽に読むことができます。その投稿を見て、「この感じ、きっとわたしも好きだな」「この内容、グッとくるに違いない」なんて考えながら、本選びの参考にしています。

特に気になった本はスクリーンショットをして、「買いたいものメモ」として保存。本屋でそれらを見つける作業は、謎解きゲームのようなエンタメ性があるので、「〇番通路 △△ジャンル 棚番号×××」と親切に場所を教えてくれる検索機を使うのは最終手段です。一冊一冊、自分で見つけていくアナログな時間が好きなので、ネットショップで目当てのものを最短距離で見つけ出して、そのままポチっと購入するよりも、SNSで本との出会いを楽しみながら、本屋で直接選んでいくほうが何倍もいいなと思っています。

自分好みの読書家を探す「ヒト検索」は、まさにSNSならでは。自分と趣味が似ている人や憧れの読書家を探し、いろいろな人の「本との日常」を覗き見しています。「読書」「本好き」「本のある生活」「読書記録」などのキーワードで検索し、数万件の投稿から直感的に気になった人のページへ飛んでいきます。「ライフスタイルのなかに本がある」、そんな発信をしている人を見つけると「こんな読書ライフ憧れる」「わたしもこんな人になりたいな」と、理想が膨らみます。わたしにとってSNSは読書のモチベーションを上げてくれるツールでもあるようです。

SNSは次々に情報が入ってきて飽きないので、気がついたら時間を無駄にしてしまう罠もありますが、興味があるものをおすすめしてくれるサジェスト機能は、なかなかいい仕事をしてくれます。普段から本の投稿ばかり見ているので、もちろん本に関する投稿が集まってきますが、だらだらしたい時にそれらをぼーっと眺める「おすすめ投稿めぐり」は有意義な暇つぶし。「この本の装丁きれいだな」「へえ、こんな本もあるんだ~」「この人の本棚かっこいい」と、本にまつわるさまざまなことに触れられるので、案外そんな時のほうが思わぬ出会いがあるかもしれません。ここでも、気になった本はスクリーンショットで保存。そうやって「わくわく」を貯金しています。

読んだ本のタイトルで検索すると、また違った楽しみ方ができます。どんな感想をもつかは人それぞれなので、投稿を見ていると、再読して得る気づきや学びとは違う新たなものを得られるかもしれません。同じ本を読んでいるということは、好みが近い可能性も高いので、その人の投稿をさかのぼると読みたい本が見つかる確率も上がります。読みたい本を探す時の近道になるかもしれません。

わたしはSNSを通じて憧れの読書家さんや、好みが似ている読書家さんに出会うことができ、その人たちの「まねっこ読書」をすることで読書の幅がどんどん広がっていきました。「いいね」をしたりコメントしたりして、交流も楽しんでいます。気恥ずかしくも、わたしのことを憧れの対象だと感じてくれる方もいて、コメントやメッセージをもらうことがあります。そうやって情報交換をするうちに、好きな作家さんが増えて、興味あるジャンルの幅も広がりました。誰かとつながっていると、「この本、気になる」で止まることなく、実際に読んでみようと行動に移せる場合が多いです。インスタグラムをはじめとするSNSは、発信したり交流したりすることが目的にあるので、本の情報と合わせて、その人の「読書にまつわるあれこれ」を知ることができるところがおもしろいですよね。

書籍情報だけを知りたい時は、読書管理アプリを使うこともあります。ウェブ上に本棚を作成するサービス「ブクログ」は、タイトルや著者、出版元や刊行年月日など、純粋に本だけの情報を見たい時に便利です。読んだ本やこれから読みたい本を登録して管理することができ、見た目も本の表紙が並ぶので、まさに本棚に本を並べていく感覚です。自己管理ツールとしてはもちろん、ほかの人の本棚も見られるので、興味深く、楽しみながら覗いています。新刊情報や人気ランキングなどもあり、SNSでは得られない情報も知ることができます。

なかでも、厳選した3冊を紹介する「ブックリスト」は、本好きならついつい時間を溶かしてしまう、ちょっとした沼コンテンツ。「元気がでる」「今年読みたい」「ダイエット・美容」「キュン小説」「メンタルがやばい人へ」「飯テロ」「翻訳本」「500ページ超え」「少し背伸びをする」「晩酌のお供」など、さまざまなテーマでその人のベスト3が紹介されています。ラインナップはもちろんですが、個性がにじみでた切り口がおもしろく、テーマを見ているだけでも飽きません。

Part 2

04

受賞作品をチェックしてみる

わたしは、インスタグラムを通じて出会った本好きの方たちとオフラインで交流できる、「本好きの会」を主催しています。夫婦で営むカレー屋を会場にして、イベントをおこなうものです。以前、凪良ゆうさんの『汝、星のごとく』を課題図書に、読書会をしました。選書理由は、本屋大賞を受賞して話題になっていたから。わたしにとって、これがはじめて「受賞作品に触れる」という機会になりました。読書会はとても盛り上がり、その後出版された続編の『星を編む』も、参加者のほとんどが読んだようで、感想のやりとりが続きました。読書会の様子をインスタグラムでシェアすると、お店でお客さまが声をかけてくださったり、SNSでメッセージが届いたりと、参加者以外の方からも大きな反響がありました。と

にかくあの時は、「なんほしフィーバー」が巻き起こっていましたね。「なんほし」のおかげで、たくさんの人と交流することができました。話題になっているタイミングで本を読むと、リアルタイムで誰かと感想を交換でき、感じた熱量をそのまま誰かとシェアできるのがうれしいです。

知らずに読んでいた可能性はありますが、「小説初心者」という意識が強かったので、それまで「受賞作品を読むのはまだ早い」と勝手に思い込んでいました。「芥川賞や直木賞、本屋大賞などの受賞作品を語れるのは、真の本好きだけ！」と、どこか遠い存在に感じていたんです。でも、真の本好きってなんでしょうね。よさがわかるかどうか、受賞作品を味わえる自信がなかっただけかもしれません。

誰かのお墨付きがある作品はおもしろいということを実感して以来、受賞作品を積極的にチェックするようになりました。たとえば、伊坂幸太郎さんの『ゴールデンスランバー』や、三浦しをんさんの『舟を編む』など、過去の受賞作品やノミネート作品からも、気になるものを集めて読んでいます。以前はスルーしていた「〇〇賞受賞」の文字も目にとまるようになり、気づいたら手にとっていたり、友人と「芥川賞、読んだ？」なんて話をすることもしばしば。その作品が推される理由を考えながら読むのも楽しいです。

本好きなら話題作はチェックしていることが多く、読書習慣がない人のなかにも「受賞作品くらいは読んでおこう」と考える人が少なからずいるので、話のタネにもなりますよね。そんなふうに、誰かと本を通してコミュニケーションをとれるのはすてきなことです。かつてのわたしに声をかけられるなら、「あれこれ考えないで、とりあえず受賞作品はチェックしておけば？」と、軽々しく言ってしまいそうです。

Part 2

05 何かひとつでも気になったら買ってみる

本屋で直感買いしたなかに、金井真紀さんの『パリのすてきなおじさん』という本があります。まず、タイトルが、なんかいい。個性豊かなおじさんたちのスケッチと人生に関する名言にわくわくしました。〝ほとんどの問題は、他者を尊重しないから起こる。〟という言葉が目にとまり、これは勉強になるに違いないと、すぐに購入を決めました。読んでみると楽しくて、大正解。なんの前情報もなく本屋を散策していると、ビビッとくるものは必ずあると思うんです。「このタイトルいいな」「装丁かわいいな」「この帯文、そそられる」「目次のここ、気になる!」と……。気になるポイントがひとつでもあれば、その時点で本との出会いはうまれていると思います。直感はその時の自分にしかわからないので、まさに一期

一会。そんな本に出会えたのなら、ぜひ手にとってその感覚を抱えたまま読んでみてほしいと思います。きっとその本は、自分だけの「旬」の一冊。とても有意義な読書時間になるはずです。

そんな旬の一冊を読みたい時は、あえて本を持たないで出かけます。休日に手ぶらで本屋へ行き、あえて一冊だけを買い、カフェですぐに読みます。行き先はカフェでなくてもいいですが、その一冊だけに集中できることがポイント。本屋に行くと、せっかくだからとあれこれ買ってしまいたくなりますが、ここでは1冊だけ。吟味することで、旬を見極めます。そして、ブックカフェや図書館、自宅などではなく、ほかに本がない場所でその一冊に集中します。いろいろな本を持ち込んで気分に合わせて選んだり、いくつかの本をつまみ読みしたりする時間も楽しいですが、普段そうした読書スタイルだからこそ、たまに1冊だけに読書時間を捧げると、より旬を味わうことができます。

こんなふうに本を1冊だけ買ってすぐに読むとなると、ある意味ミッションのようでプレッシャーを感じてしまいそうですが、初心者におすすめの読書法でもあります。というのも、これはわたしがかつて実践していたことなんです。「本を読んでみたい」と思ったらまずはそれを逃さないように「次の休日は読書」と、予定を決めてしまいます。「時間があったら」「気が向いたら」ではなく、予定通り本屋へ行き、気になる本を1冊だけ買い、すぐに読む。そういうことを繰り返していたら本を買うハードルも下がり、読み始めるきっかけを待つこともなくなりました。自分が気になった本なので、読み始めさえすれば、きっと本の世界に集中できます。ミッションは「本を買うこと」と「読み始めること」です。気になったら迷わず購入し、その気持ちを無くさないうちに本を開いてみてください。

THE BOOK SHOP
OPEN

café
Flower

Part 2

06

自分のタイプを見つけるために とにかく読んでみる

社会人になるまであまり本を読んでこなかったわたしが、ある程度の量や難しい内容の本を読めるようになったのは、「とにかく読んでみる期間」があったからだろうと思います。同じ本を何度も読んだし、いろいろな本を次々に読むこともしました。度々登場しますが、わたしの読書の入り口は糸井重里さんの「小さいことばシリーズ」。糸井さんが書いた1年分の原稿から「ことば」を集めた本で、毎年刊行されています。ある日、シリーズの一冊と運命の出会いを果たしてから、このシリーズを買い集め、ひたすらそればかりを読んでいました。そのうち、文字が少なく余白のある本は読みやすいことに気づき、自分の「読みやすい形」がわかってきました。そこから、ブログを書籍化した短めのエッセイや偉人の格

言集など、比較的さらっと読める本を次々に読みました。そうやって読めそうなものをとにかく読んでみると、自分は言葉が好きだということに気がつきました。「言葉萌え」とでも言いましょうか、本を読んでいると「この言い回し、この比喩表現、しびれるなぁ」と感動することがあります。本の内容はもちろんですが、「この著者はこんな言葉で表現するのか」と、そんな部分に魅了されたわけです。

苦手意識があった小説に挑戦したときも、最初はとにかく読んでみることをしました。「夏休み中に全部読む」という宿題を自分に課し、気になるタイトルの恋愛小説をとにかく読みました。達成感を得るために薄い本であることを絶対条件に、作家さんを限定しないよう1時間以上悩んで選んだ本を読むと、「この作家さんの書きぶりが好きかも」「こういうジャンルのお話をもっと読んでみたい」と、新たな興味が湧いてきました。小説は言葉萌えの宝庫であることにも、後々気がつきました。おいしそうなグルメがたくさん登場する柚木麻子さんの『BUTTER』では、主人公がソフトクリームを食べた時の描写に〝舌の上に陽差しが広がるような味わいだった。〟とあり、「おいしい」以外の「おいしい」という言葉に出会いました。小説は言葉の表現にたくさん触れることができます。「意識や感覚に輪郭があたえられる」、そんな体験を通して、感情の引き出しが増えて感受性も豊かになったような気がしています。

わたしの読書は、こうやって本から本へ、さまざまなバトンがつながれてきたのかもしれません。いまは「ありふれた日常に潜むお話」「人の生々しい感情が見えるお話」が好きで、ファンタジーよりは現実的な物語、ほっこり系の小説よりは人間の黒い部分まで描かれている小説をよく読みます。読めば読むほどバトンはつながれていくので、読みたい本はいつになっても尽きないだろうと思います。

Part 2

07

漫画を読むことからはじめてみる

あまり本を読まなかった学生時代ですが、コミックは読書という感覚ではなかったようで、いまでも実家の本棚には当時読んでいたものが並んでいます。たまに帰って読み返すと思い出ごとよみがえり、なつかしい気持ちになります。コミックは特に電子派の人のほうが多いジャンルのようですが、わたしはやはり紙で読みたい派。最近は映画化された『BLUE GIANT』や、ホテルに興味があって気になった『おひとりさまホテル』を読んで、コミックの魅力を再確認したところです。漫画だと世界観を想像するまでもなく、そこに絵が見えるので、あっという間に没入して時間を忘れてしまうことがよくあります。コミックは読書ハードルが低く気軽に読める本ですが、何十巻にも及ぶものも多いので、買い集めるのは金銭

的に大変です。それに、収納場所の問題もありますよね。それでもやはり紙で読みたいので、わたしはレンタルしたり、漫画喫茶にこもって好きに過ごす贅沢な休日をつくったりしています。

以前、「本好きの会」でおすすめの本を紹介する企画をおこなった時、小説やビジネス書、絵本など、ジャンルも判型もさまざまな本が集まり、そのなかに、益田ミリさんの『僕の姉ちゃん』がありました。文庫本の見た目だったので、活字が並んだ小説だろうと思っていましたが、開くと漫画が並んでいるではないですか……。「コミックエッセイ」というジャンルも新鮮でしたが、それが文庫化されていることにも衝撃を受け、新たな読書の扉が開かれた気がしました。『僕の姉ちゃん』は、「姉ちゃん」の発言に共感がとまらなかったり、斬新な発想もあったりで、1ページ1ページを大切に読みたくなる一冊でした。後日、ほかの作品を求めて本屋へ行った際、コミックエッセイが思ったよりも多くあることにまた驚きました。エッセイに限らず「コミック文庫」という売場もあり、この時はじめてコミックにも文庫という市場があることを知りました。本好きになってから「コミックも本のうち」と思うようにはなりましたが、それでも「コミックはコミック」と、どこかで思っていたようです。

日々読書をしていると、「何か読みたい。でも文字じゃないやつ……」と思うことがあり、わたしはそんな時にコミックエッセイを読むようになりました。我が家の本棚では、そんな時に備えて『裸一貫！つづ井さん』や『眠れぬ夜はケーキを焼いて』など、いくつかのコミックエッセイが読まれる順番を待っています。漫画のみで構成されているものもあれば、漫画と文字で構成されているものもあり、まだまだ開拓途中。漫画の世界って、まだまだ知らないことがたくさんありそうです。

Part 2

08

映像化作品の原作を読んでみる

日本中に「花男ブーム」が巻き起こった頃、中学生のわたしも『花より男子』にハマったひとりでした。ドラマに夢中になり、原作コミックも全巻一気読みしたことをよく覚えています。ドラマと漫画、それぞれにおもしろさを感じていました。映像作品は、音楽やカメラワークなどの演出効果がストーリーに加わってエンタメ性がグッと高まり、映像や主題歌など、目で見たり耳で聴いたりしたものが強く記憶に残っています。きっと花男ブームにハマった人なら、忘れられない名シーンがいくつもあるのではないでしょうか。原作を読んだのはドラマのあとでしたが、ストーリーを細部まで楽しむことができ、自分のペースで思いや想像をめぐらせながら読むことで、「オリジナルのよさ」みたいなものを中学生なりに感じて

いたような気がします。同じシーンでセリフや場面が違っているところはそれぞれによさがあり、作品がより好きになりました。原作のお気に入りシーンがあれば、それが映像化されるなんてとても贅沢なこと。先に原作を読んでいたら違った楽しみ方があったかと思うと、映像が先のパターンと原作が先のパターン、どちらかしか経験できないのが悔しいです(笑)。

映像化作品は原作を先に読むかあとから読むか、ものすごく考えます。小説が原作でドラマ化も映画化もしている、なんて時は大変です。でも、そうやって作品を味わう順番を考えている時間もおもしろく、本好きになってから知った楽しみ方です。小説やエッセイ、自叙伝などが原作で映像化される場合もありますよね。そもそも絵が存在しないものだとイメージの膨らませ方が幅広く、読み手それぞれに個性がありそうです。

綿矢りささんの『勝手にふるえてろ』は、原作を読んでから映画を観た作品のひとつ。自分のなかでその世界を描きながらも、それとは違う映像化される世界を想像しながら読むのは、これまた楽しいひと時。映画を観ていると、松岡茉優さん演じる主人公が当然想像の範囲を超えてきますが、自分が思い描いていたものとぴったり重なる部分もありました。原作を知りながら映像を観る感覚にはひと味違うおもしろみがあり、「読書をするようになってよかった」と思えた瞬間でもありました。最近は本屋で「映画化決定」「ドラマ化決定」の文字を見つけると、「いまがチャンス!」と、原作を手にとることが増えています。キャスト発表などのニュースは追わないで、「この登場人物、あの俳優さんっぽいな」「これはあの女優さんに演じてほしいな」と妄想するのも密かな楽しみです。

Part 2

09

昔読んだ本を再読してみる

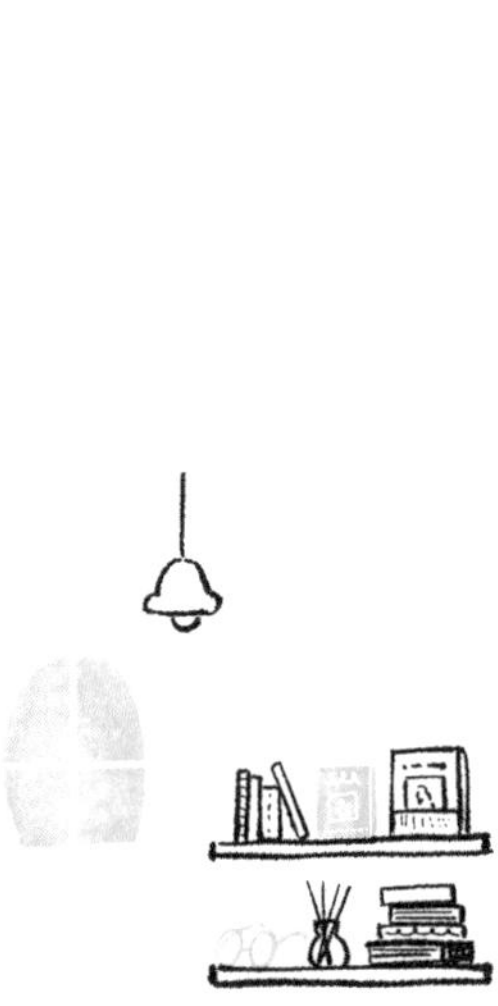

少し前に、友人の子どもに絵本を読み聞かせする機会がありました。その子が選んだのは『スイミー』。小さな黒い魚のスイミーが海を冒険する物語です。小学生の教科書で出会った作品を大人になって読み聞かせする日が来るなんて、感慨深いものです。当時、このお話から「みんなで力を合わせることの大切さ」を学びました。ポートボールを習っていたので、チームで一丸となる強さに共感したのかもしれません。なつかしみながら読んでいると、「逆境に屈しない強さ」や「困難な状況も前向きに発想を変える力」を強く感じ、当時とは違う感覚を味わっている自分に気づきました。小さいながらも自分にできることを見つける強く賢いスイミー、そして、ひとりだけ黒い魚であることを強みに変えるところにも胸

がじんと熱くなりました。捉え方に正解はないので、どの気持ちも大切にしたいと思っています。

子ども時代に読んだ本を再読することに味をしめたわたしは、「ぞくぞく村のおばけシリーズ」を少しずつ集めるようになりました。これは小学生の頃に学校の図書室で借りて読んでいた作品。小学校低学年向けの文章でわかりやすく、絵もかわいいんです。ぞくぞく村には、ミイラや魔女、透明人間など個性豊かなおばけが暮らしていますが、おばけのお話ということもあって小学生の頃は、どきどきしながら読んでいた気がします。少なからずスリルを感じていたような……。いまは話の展開にほっこりしながら、そして懐かしさに胸をキュンとさせながら、夜寝る前に読むことが楽しみになっています。小学生のわたしと再会しているような、あの頃の図書室にタイムスリップしているような感覚になることもあり、一味違う楽しさがあります。「なんだかわたし、大人になったなぁ」と、こんなところで大人になったことを実感して、たまにちょっと笑ってしまいます。

絵本や児童書に限らず、昔読んだ本は自分のルーツを教えてくれるような存在でもあると思います。実家に帰って久しぶりに本棚を見てみたら、タレントさんや芸人さんのエッセイ本がいくつかあったことに驚きました。「高校生の頃、芸能人のエッセイが好きだったじゃん」と母に言われ、少し記憶がよみがえりました。少なからず自分が読書をしていたことも……。特に好きだったのは、高田純次さんの『適当教典』。再読しても色褪せず、くだらなくて最高でとにかく笑えますが、当時は大笑いしながら前向きなメッセージとして受けとっていた気がします。昔から誰かの言葉や考え方に刺激を受けていたと思うと、いまでもわたしがエッセイというジャンルが好きなことにも頷けます。

10 本好きな人と友達になってみる

本格的に読書に取り組み始めた頃、夫以外の本好きさんとのつながりはSNSにしかありませんでした。本の話を直接できる人がもっとほしくて「ないなら自分でつくっちゃえ」と、「本好きの会」をつくりました。夫と営むカレー屋に本好きさんを呼んで、イベントをやろうと思い立ったわけです。実際に人が集まってくれるのか、どんな本好きさんがいるのかはやってみなければわかりません。最初は人数を集めるのに苦戦しましたが、回を重ねるごとに参加者はどんどん増えてリピーターも多くなり、いまでは参加募集の開始後1分で満席になることもあります。本好きの会の参加人数は毎回15人ほどで、数か月に1度のペースで開催しています。本好きの仲間がずいぶん増えて、それはもう本当に楽しいです。

この会では、毎回さまざまなことを企画します。おすすめの本を持ち寄って紹介したり、課題図書を設けて感想を語り合ったり。その人の本に対する愛情や、時に熱意も一緒に受けとることができ、SNSの本紹介を見るのとはまた違った刺激があります。本好きの会を始めてからは、幸せなことに、読みたい本が増えて増えて仕方がありません。

本好きの会のおかげで、わたしの読書ライフはより豊かに、鮮やかになったと感じます。変化というべきか、効果というべきか、間違いなく変わったのは、さまざまなジャンルの小説を読むようになったことです。気づけば恋愛小説ばかりで偏った読み方をしていましたが、興味が向いていることを話していると「それならこれが好きかもよ?」とおすすめ本が集まってくるんです。

自分の読書スタイルの見直しは、久しぶりに学生時代の親友に連絡をとるきっかけにもなりました。中学校の同級生だったその親友は熱心な読書家で、放課後、一緒に本屋へ立ち寄ることもありました。読書に興味が向かないわたしはただの付き添いに退屈していたくらいなので、本好きになったことに親友はさぞかし驚いていることでしょう。大人になってふたりで本の話をしているのは、わたし自身も未だに不思議な感じがしています。

本好きの会の仲間も、昔からの親友も、誰と話をしても自分とまったく趣味が一緒という人には出会うことがありません。だからこそ未開拓のジャンルや知らない本に出会うことができるし、読書法から新たな発見があったりもします。刺激的で互いに化学反応が起こる瞬間がたくさんあるので、読書トークは楽しくてたまりません。

Part 2

11

お気に入りの本屋を探してみる

本好きになるきっかけの『ボールのようなことば。』に出会ったのは、いまは無き東京・有楽町の「MUJI BOOKS」。無印良品がプロデュースする本屋で、社会人1年目の時に本が置いてあるとも知らずに訪れたことがはじまりでした。ただ生活用品を買いに最寄りの店舗に寄っただけなのに、いたるところに本が展示してあって、気にせずにはいられなかったんです。食品売り場には食の本といったように、テーマ別に本が置かれていました。あとで調べてみたら選書のコンセプトは「くらしのさしすせそ」だそうです。「**さ**…冊（読むことの歴史）」「**し**…食」「**す**…素（す、そざい）」「**せ**…生活」「**そ**…装（よそおい）」のテーマごとに、小説もエッセイも実用書も絵本も一緒くたに並んでいました。見たことのない本屋に心がお

どり、何時間もそこにいたのを覚えています。「本といえば小説」「本屋といえば本棚がずらりと並んでいる」と、そんなふうにイメージしていたので、「食」や「生活」など自分にも身近なテーマの本が集まっていたことが新鮮に見えて、興味をそそられたのかもしれません。当たり前のことですが「そっか、小説以外も本だよね」と気づき、読書ハードルが下がった瞬間でもありました。その時、気になって手にしたのが『ボールのようなことば。』です。以来、本という存在に興味をもち、有楽町の「MUJI BOOKS」には仕事おわりに足しげく通いました。いつしか本との距離は縮まり、わたしの人生に「読書」という娯楽が加わりました。いまでは本と同じくらい、本屋という場所そのものも大好きです。

新潟で暮らす現在は大型書店に行くことが多くなり、新潟市のジュンク堂や紀伊國屋書店で豊富な品揃えに圧倒されながら、本との出会いを楽しんでいます。埼玉の実家に帰省した時は、時間をつくって関東で本屋めぐりをすることもあります。よく行くのは、下北沢の「B&B」や奥渋谷の「SPBS」。エッジの効いた本や掘り出し物に出会える、まさに本のセレクトショップという感じが気に入っています。そのお店ごとの色が光っていて並べ方にも個性があり、店内の雰囲気はもちろん選書まで、たくさんの「その店ならでは」を体感できます。旅先でも、本屋に行きます。以前、山形市の老舗書店「八文字屋」に寄った際、購入した本にかけてもらったオリジナルブックカバーがかわいくて気分が上がった思い出があります。本屋オリジナルのブックカバーはご当地感があって旅のいい記念になるし、はじめて目にするデザインには特別感もあり、読書時間が普段とちょっと違った雰囲気に包まれます。本屋によってブックカバーが違うところも、本屋のささやかなときめきポイントのひとつです。

Part 2

12 スマホを持たずに出かけてみる

いまや生活必需品のスマホ。そんなスマホを家に忘れて出かけてしまったことがありました。ある日、いつも通りカフェで本を読もうと出かけて到着すると、ポケットにもバッグにもスマホがないんです。「あー、やっちゃった」なんて思いましたが、取りに帰るほうが面倒だと思えたので、いつも通り読書を始めました。そうしたら、なぜかいつもより集中できるわけです。スマホが手元にないだけで、こんなにも目の前のことに集中できるのかと、感動さえ覚えるような体験をしてから「あえてスマホを持たない外出」をするようになりました。以前読んだ本に、スマホは視界に入るだけでも、ポケットに入っているだけでも、集中力が低下するという話がありました。スマホは楽しいことが多いだけに誘惑も大きい

らしく、何かに集中したい時は見えない場所や手の届かない場所に置いておくのがよいそうです。たとえばカフェならテーブルに出さないでバッグに入れておいたり、家であれば別の部屋に置いておいたり。それでも気になって手にとってしまうなら、諦めがつくようにスマホを持って出かけないという選択があります。不便なようですが、経験者として語ると、何にも縛られず自由になれた気分で、解放感のような清々しさを感じられて、案外いいものですよ。

ある日スマホを持たずブックカフェに行った時、いい本との出会いがあるとわたしは無意識にスマホを探していました。「インスタグラムでシェアするための写真を撮らなきゃ」と思ったんです。いかに自分がいつも、スマホに向かっているかに気づかされました。もちろん、その先に多くのフォロワーさんがいてくれることもわかっていますが、いつの間にか「シェアしたい」よりも「シェアしなきゃ」という考えになってしまっていたのかもしれません。それが常になってしまうと、「これについて早く発信したい」「もっとみんなに伝えたい」という気持ちが先走り、きっと本の世界に集中することができなくなるでしょう。インプットよりもアウトプット優先の思考回路になってしまっては、大切なものを見逃してしまいそうですよね。インスタグラムの発信だけでなく、いいなと思った本をスマホに記録することもありますが、どちらにせよ、その時である必要はないし、忘れてしまいそうならノートとペンでメモしておけばいい話。必然的にスマホがない状況をつくると、大切なことが見えてきて、さまざまなことに縛られていたことに気づきます。

そもそも、わたしが読書を始めたきっかけのひとつには、「スマホとの距離の見直し」がありました。数年前、本格的に読書を始めるまでは、わたしは気づけばスマホばかりを触っている人でした。夫婦で自分たちの店をやっているのでSNSでの情報発信は欠かせませんが、スマホを開いても、いつの間にか芸能人のゴシップ記事やインフルエンサーの近況投稿を見ていて、「あれ、何してたんだっけ?」なんてことが日常茶飯事……。タイムラインに表示されるおすすめ情報に流されて、ただただ何にもならない時間を過ごしていたんです。目的をもって使っていたはずのSNSに使われているような感覚に、違和感を覚えました。そこで「デジタルデトックスをしたい」と思い立ったタイミングが、「しっかり読書に取り組みたい」と考えていた時期と重なったわけです。

わたしの場合、本を読みたいのに読めない原因のひとつに、「ついついスマホ時間を優先してしまう」ということがあったと思います。でもそれは、よくよく考えてみると、わたしには必要のない時間だったので、読書習慣をつけようと決意しました。「毎日読書チャレンジ」と銘打ち、新しい本でも、過去に読んだ本でも、1ページでも1分でもいいから「毎日読む」を習慣にしました。最初はなかなか集中できず、本を読むことにすぐ疲れたり飽きたりしていましたが、少しずつでも読み続けていたら本のおもしろさに気づいて読めるようになってきました。気づけば読書が大好きになり、いまでは本を読む時間が作れないとむずむずしてしまうほどです。毎日読書を続けたおかげで、それまで年に10冊読めばいいほうだったわたしは、1年で150冊もの本を読むことができました。

読書習慣ができたいま思うのは、スマホ時間と読書時間の両立はできないということです。当たり前ですが時間は有限なので、どちらかをあきらめなくてはいけません。スマホの誘惑に弱い人こそ、ぜひスマホを持たないで出かけてみてほしいと思います。スマホと距離をとって過ごしてみると、その分、自分と向き合う時間が増えることになります。読書習慣をもちたいと考えている人であれば「習慣にするために見直すことは?」、読みたい本がわからない人であれば「いま、どんなことに興味がある?」と考えるようになり、タイムラインで誰かの日常を追いかける時間が自分と対話する時間に変わるでしょう。その先に、「まずは家に置いてある本を読もう」「本屋に行ってみよう」と、読書に向かうアクションが起こせるかもしれません。

わたしがスマホを置いて出かけるのは、まだ家からそれほど遠くないカフェくらいですが、いつか思いきって家にスマホを残して1泊読書合宿をしたいなと考えています。

Part 2

13

なりたい自分を考えてみる

読書は趣味であり娯楽のうちですが、「自己投資」という側面もあるかもしれません。「なりたいわたし」のために、いまのわたしが読書している場面があるんです。たとえば、もっとていねいに暮らしたいと思えばライフスタイル書のコーナーへ行って、家事の本やミニマルライフの本を手にとったり、雑誌コーナーでインテリア情報を見たりしています。ほかにも、仕事のスキルアップをしたい時にビジネス書コーナーに立ち寄るなど。どれも読みたい本ではありますが、なぜ読みたいかをたどっていくと、「なりたい姿」があって、それに近づける本を探しているんです。目先のことだけでなく、「いつかこんな女性になりたい」と長期的な未来を考えることもあり、さまざまな本から刺激をもらっています。

自己投資といっても、将来設計や未来像を真剣に考え込むわけではありません。ていねいな暮らしがしたいと思っている時に降りてきた「ていねい」「シンプル」「ミニマリズム」という言葉から「ライフスタイルを見直す」「心の持ち方を考える」という考えにたどりつき、自然と足がそうした本に向いている、という感じです。

「シンプル」の感性をインストールできそうな本を探したら、ドミニック・ローホーさんの『シンプルだから、贅沢』という本に出会ったことがあります。著者自身のシンプルでありながらエレガントな生活や考え方に触れ、憧れを抱いた一冊です。ただ物を減らしたり、生活を簡素化したりするのではなく、こだわるところにはこだわる。上質なものを選ぶと自ずと「多く」ではなく「少なく」になっていく……。自分のスタイルをもっていることがかっこよく、いまから始められることをひとつでも真似したいと思えるものでした。この本には、〝創造的なシンプルライフとは、巷の宣伝文句に踊らされずに、自分に合った好みを追求していくことです。それは装いだけでなく、趣味、住まい、文化など、あらゆる分野においても同じです。〟という一節があります。自身の考え方を改める気づきにもなり、出会って以来何度も読み返し、再読するたびにわたしを高めてくれています。

なりたい自分を考えている時に、理想とする人や参考にしたい考え方に出会うと、胸が高まる感覚があります。「そう、これ!」みたいな。わたしにとってそれがドミニック・ローホーさんでした。漠然と思い描いていた「理想」も本を読むと、より具体的な「目標」に落とし込めるような気がします。理想が言語化されていることで、思考を整理する手助けをしてくれるのかもしれません。

本好きの会

数か月に1度、本好きを集めたイベントを開催しています。それが「本好きの会」。本を通したコミュニティの場です。本が好きな人たちとオフラインで語り合える場があったらいいなという気持ちで2023年に始めました。参加者は毎回15人前後で、地元新潟の方もいれば県外から参加してくださる方もいます。みなさんいつも本当にありがとうございます。本好きが本について語らい、本を通して自分の内側を見せ合う、あたたかい時間が流れています。

これまでに実施した企画

- 課題図書を設けて意見交換
- おすすめの本紹介
- 今年のベスト本3冊の発表
- いま読んでいる本紹介
- これから読みたい積読本紹介
- 「本好きに聞きたいこと」質問リレー
- 文庫本プレゼント交換
- 本好きになったきっかけの一冊紹介

盛り上がるトークテーマ

- 速読派？　遅読派？
- 本の見つけ方
- 本屋の話
- いつ、どこで読む？
- 肩こり対策どうしてる？
- 読み進められないときの対処法
- 積読本は何冊ある？

Part 3

わたしの本棚

Part 3

01

人間関係に悩んだ時に読みたい本

『自分のせいだと思わない。小池一夫の人間関係に執着しない233の言葉』

小池一夫
（ポプラ社）

会社員時代に手にして以来、心がモヤモヤした時の処方箋はこれ。何度この本に助けてもらったかわかりません。当時、職場にどうしても苦手な人がいて上手くコミュニケーションがとれず、わたしは苦しさを感じていました。まわりには気配り上手で誰とでも仲よくなれるタイプの同僚が多かったこともあり、優秀な人たちと自分を比べては落ち込んでいました。「わたしってダメな人間なんだ……」と、自己

否定ばかり。そんな時にこの本に出会い、「誰のせいでもないこともある」と知りました。自分だけが悪いわけではないと考えられたことで、何かスイッチが切り替わった気がします。自分だけが悪いでもなく、相手だけが悪いでもなく、ただ相性がよくないだけ。原因を見つけて改善する必要があると思っていたわたしにとって、「相性の悪さは誰のせいでもない、仕方ない、そういうこともある」と割りきっていいのだと位置づけられたのは革命的でした。

「人は不完全同士」というページには、〝自分の言動でさえ、自分自身がコントロールできなくてもどかしい。あんなこと言わなければよかった、こんなことしなければよかった。そして、それは他人も同じ。そりゃあ、そんな不完全同士なんだから、色々あって当たり前。他人に完全を求めないこと、自分自身が不完全なのだから。〟とあります。それまで、いかに自分のことを棚に上げて考えていたか反省しました。自分だって人を傷つけてしまったり失敗したりするのに、誰かのそういう面を「悪いところ」として、そればかりに目がいっていました。わたしの「悪いところ」も、きっと誰かが許してくれていたんですよね。反省からそんな気づきがあり、対人関係に寛容になることができました。イラっとしたりモヤっとしたりすることはあっても、「きっとお互いさま」と思うようにしています。

「相手を受け入れることは不完全な自分も同時に受け入れること」、これはこの本から得た大きな学びです。生きている限り他者との関わりは切れず、人間関係の悩みは永遠の課題かもしれません。でも、この考えに立ち戻ることができれば心強いです。この本があれば、わたしは大丈夫。そんなお守りのような一冊です。

Part3

02 恋愛に悩んだ時に読みたい本

『ふたりのきほん100』

松浦弥太郎
（光文社）

表紙に「結婚と恋愛のエッセンシャル。」とありますが、「まさに！」と思える一冊。読んだあと、パートナーを大切にしようと心から思い、とても優しい気持ちに包まれます。わたしは恋愛というより、夫婦関係を思って読んでいます。

「ギブ・アンド。」というページには〝時代は、「ギブ・アンド・ギブ・アンド・ギブ」に変わろうとしています。相手に見返りを求めず与え続けるという行為の尊さに、誰もが気づき始めたのです。わたしもあなたには「ギブ・アンド・ギブ・アンド・ギブ」という無償の心で接します。〟とあります。いかに自分が求めてばかりいたか、考えさせられました。相手に「なんで○○してくれないんだろう？」と思う前に、まずは自分から、ですよね。

「遠すぎず、近すぎず。」「釘を刺さない。」「白いうそ。」「言葉よりも目を信じる。」「秘密はあっていい。」というページもお気に入り。ハッとさせられる〝愛の知恵〟がたくさん綴られています。

Part 3

03

思わず笑ってしまう楽しい本

『もしもし運命の人ですか。』

穂村 弘
（KADOKAWA／角川文庫）

穂村さんの世界の捉え方とワーディングセンス、そしてチャーミングなお人柄が光る恋愛エッセイ。エピソードのすべてがおもしろく、愛おしく、大好きな本です。

〝みえみえのやりとりのなかで、互いの好意レベルの確認が行われる。街に溢れているカップルの誰もが、過去にこの手続きをとってきたのである。〟という、このちょっとひねくれた言いまわしには、思わず笑ってしまいます。〝コップに水を注ぐときのことを考えて欲しい。全体に充ちているからこそ、或る一点から溢れるのである。その一点がどこかってことが問題なんじゃなくて、好きという気持ちは全体に充ちているのだ。耳の角度じゃなくて君が好きなんだ。〟という部分では、「好き」という気持ちの構造の気づきに面食らったかと思えば、最後のこの一文の力強さにやられます。妄想全開の頭のなかを覗いているような楽しい一冊で、序盤から穂村ワールドに一気に惹き込まれます。日常を見る視点の解像度の高さ、そして言語化する力にも圧倒されます。

Part3 04

ほろほろ泣ける本

『本日は、お日柄もよく』

原田マハ
（徳間書店／徳間文庫）

これは、わたしがはじめて本を読んで泣いた、思い出の一冊。想いを寄せていた幼なじみの結婚式に出席した主人公が、そこですばらしいスピーチに出会い、スピーチライターになるために奔走するお仕事青春小説です。選挙演説や結婚式の祝辞など数々のスピーチが出てきますが、そのどれもに心動かされ、読みながら文字が見えなくなるほど、何度も涙しました。場面や登場人物など、物語に惹き込まれたのはもちろんですが、同時に、言葉の力というものに震えるほど感動していました。

この小説を通じて、「言葉で人はここまで感動できる」ということを身をもって体験しました。わたしは元アナウンサーで、かつては言葉を扱うプロとして働いていたので、口にする言葉や伝え方ひとつひとつと、日頃からていねいに向き合おうと、今一度襟を正す機会となりました。スピーチライターという新たな世界を知るおもしろさもあり、改めて言葉の力を信じることができたので、とても印象深い読書時間でした。

Part 3

05

キュンキュンする本

『透明な夜の香り』

千早 茜
（集英社／集英社文庫）

天才的な嗅覚をもつ調香師と、彼の下で働くことになった主人公の、香りにまつわる物語。徐々に打ち解けていくふたりの関係性に、ときめきが止まりません。

わたしは調香師と聞くと、香水のような「いい香り」をつくる仕事を想像しましたが、この物語では人の体臭や部屋の匂いまでどんな香りも作り出してしまいます。主人公らが働く洋館には、いろいろな事情で、さまざまな香りを求める客が来ます。その訳ありエピソードもおもしろく、こうして人は香りに狂い、香りに助けられるのかと、香りの奥深さを知りました。

この物語の魅力は、ふたりのプラトニックな関係性。青春恋愛小説の「キュンキュンする」とは少し違いますが、そこがいいんです。互いを大切に想い、少しずつ惹かれ合うようなやりとりが、色気たっぷりでしびれます。わたしは調香師の朔さんに恋していました（笑）。文面からにじみでる爽やかな雰囲気、それに、「紺色の声」だなんて、それだけでキュンとしますよね。

Part 3

06

自分のものさしが変わった本

『嫌われる勇気
自己啓発の源流
「アドラー」の教え』

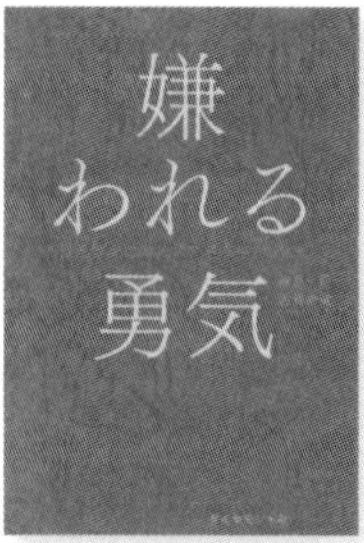

岸見一郎、古賀史健
（ダイヤモンド社）

「自由とは、他者から嫌われることである」というこの本の内容。まず、とても驚かされました。〃あなたが誰かに嫌われているということ。それはあなたが自由を行使し、自由に生きている証であり、自らの方針に従って生きていることのしるしなのです。〃とあり、突き付けられた新事実を理解するために、立ち止まらずにはいられませんでした。

わたしはずっと、「嫌われてはいけない」「好かれるに越し

たことはない」と思って生きてきました。アナウンサーや飲食店の接客という職業柄、なるべく嫌われないほうがいいし、自分を好きでいてくれる人は多いほうがいいと、頑なに思っていた部分もあるかもしれません。それに、出る杭は必ず打たれます。他者に自分のことを発信したり目立つようなことをしたりすればどうしたって嫌味を言ってくる人はいて、そうした攻撃がつらい時は、おとなしく無難でいたほうがいいとさえ思っていました。でも、この本を読んで考えがまるっきり変わりました。表題のとおり、嫌われる勇気をもたないと、自分らしくはいられないと気づいたんです。

〝たしかに嫌われることは苦しい。できれば誰からも嫌われずに生きていたい。承認欲求を満たしたい。でも、すべての人から嫌われないように立ち回る生き方は、不自由きわまりない生き方であり、同時に不可能なことです。自由を行使したければ、そこにはコストが伴います。そして対人関係における自由のコストとは、他者から嫌われることなのです。〟という一節があります。自由にはコストが伴う。「なるほど」と思いました。嫌われることと自分らしくいることはセットなんですね。これを理解できた時、心が軽くなりました。

人に好かれたいと思うのは承認欲求による感情ですが、でも、考えてみれば人は誰かの気持ちを満たすために生きているわけではないし、少なくともわたしは、わたしのために生きています。それならば、人付き合いも仕事も、自分を発信していくことも、誰にどう思われるかを心配するのではなく、勇気を持って自分らしい行動を選択していこうと考えられるようになりました。これからも何度も読み返し、自分を奮い立たせていきたい大切な一冊です。

Part3

07

人生のターニングポイントに読みたい本

『書く瞑想
1日15分、
紙に書き出すと
頭と心が整理される』

古川武士
（ダイヤモンド社）

人生の大切なタイミングにおいて、わたしがこれまで必ずしてきたことは「書くこと」です。転職する時や、結婚して生活環境が変わる時、新しいことに挑戦する時など、その都度、気持ちを紙に書き出しては、自分と向き合う時間を作っていました。頭のなかにある考え事も、心のうちにある本音も、すべてを紙の上にさらけ出すことで、自分を俯瞰して見ることができます。そんなふうに、考えや思いを

紙に書き出すことをジャーナリングと言いますが、その方法をとても具体的に教えてくれたのがこの本です。

自己流でなんとなく趣味程度にジャーナリングを楽しんでいましたが、この本には知りたかったことがすべて言語化されていました。まず、〝書くことは、自分を回復すること。書くことは、自分を深く知ること。人生を変える力は自分の中にあると気づくこと。〟という冒頭から心を掴まれます。書くのは自分を回復させるため。妙に腑に落ちました。わたしはなんとなくスッキリするから書く習慣を続けていましたが、書くことは、心を掃除し、整える行為なのだと、スッキリの正体がわかりました。

この本では毎日15分間、その日の「放電日記（自分の気持ちを下げたできごと）」と「充電日記（気持ちを上げたできごと）」を書くという方法が提案されています。半年以上続けて振り返ると、大切な価値観や悩みのタネなど、書いてみてはじめて気づくことがたくさんあり、自分をより深く知ることができました。

わたしの初著書となるこの本を書くにあたっても、毎日のジャーナリングは欠かせませんでした。これまでの読書体験で何を感じ、何を得たのか、そして、何を伝えたいのか、どうすれば伝わるのか……。紙に手で書くことによって脳が刺激され、書いている途中にもアイデアが湧いてきたり、次々と気持ちが引き出されたりして考えがまとまっていく過程は、まさに心の掃除をして整えていくようでした。この本は、ジャーナリングの教科書でもあり、一生大切にしたいわたしのバイブルです。これからも大事なタイミングで読み返し、「書くこと」をずっと続けていきたいと思っています。

Part3
08
何度も読み返したくなる本

『あなたのための短歌集』

木下龍也
（ナナロク社）

依頼者からのお題をもとに、「その人のために作った短歌」を一冊にまとめた短歌集。右ページにお題、左ページに短歌という構成で100首収録されています。

この本を読むときわたしは、まずは左ページの短歌を手で隠し、右ページだけを読んで「自分がこのお題を出されたら……」と考えました。それから手をはなして木下さんの短歌を読みます。一気に世界が開けるような感覚があって感動するので、この読み方はおすすめです。

お題はたとえば〝名前の一字である「萌」でお願いします。〟というもの。〝キスのときくさかんむりを外されて明かりが胸の奥に萌え出す〟というロマンチックな一首にときめきました。〝不平等だからこそ生きたいと思えるような短歌をお願いします。〟というお題には、〝大きさも深さも違う花瓶にはそれぞれ似合う一輪がある〟という、心にじんとくる一首が。たった一行に凝縮された世界に励まされたり癒されたりして、31文字の言葉に何度心を射抜かれたかわかりません。

Part 3

09

ぜったいに手放せない本

『恋はいつもなにげなく始まってなにげなく終わる。』

恋はいつも
なにげなく始まって
なにげなく終わる。
林伸次

林 伸次
（幻冬舎）

夫とはじめて会った日、林伸次さんが好きという話で盛り上がりました。ふたりとも林さんの書く文章が好きでnoteを読んでいたんです。そのとき「最新刊の小説おもしろかったですよ！」と教えてくれたのが、この本でした。解散したあと、わたしはその足で本屋に向かいました。

作家でありながら渋谷のバーのマスターでもある林さんが描く、カウンターの向こう側のラブストーリー。切なさとときめきがあふれる短編集でした。いま思うと、恋愛小説をまったく読まない夫がこれをすすめてくれたのが不思議ですが、どのエピソードが好きだったかを語り合い、また盛り上がりました。そのうち一緒に林さんのバーに行くことになり、その帰り道にわたしたちは付き合うことになったのでした。

この本と林さんのおかげで、いまのわたしたちがあるといっても過言ではありません。再読するたびに夫と出会った頃を思い出し、かけがえのない想いがよみがえります。初心に戻れる一冊でもあります。

C D

A B

Part 3

10 装丁がお気に入りの本

『日々臆測』

ヨシタケシンスケ
（光村図書）

ヨシタケさんの絵本はどれも大好きですが、なかでも一目惚れしてしまった一冊がこちら。グレーの地に黄色のタイトル。ケーブルのようなものでぐるりとおしゃれに囲われている、魅惑的な表紙に惹かれました。なかのページも手描きの枠があって、それもとってもかわいいんです。カバーを外した本体の表紙にも違う装画が描かれていて、サプライズに心が弾みます。見返しもまたおもしろい。何かのキャップや絡まった輪ゴム、使い終わったポーションミルクの容器や、デンタルフロスなど、「臆測」を連想させるヒントとなる絵が散りばめられています。

内容もヨシタケさんの日常を見る視点やその発想がすばらしく、尊敬に値します。どのページから読んでも楽しめると思います。

特にお気に入りのページは、〝先日すごい渋滞につかまりました。となりの車の人もゲンナリしてました。渋滞につかまってる人々の写真集があったら絶対買いたい、と思いました。〟のところ。わたしもほしいです（笑）。

11

学生時代に読んでおきたかった本

『しろいろの街の、その骨の体温の』

村田沙耶香
（朝日新聞出版／朝日文庫）

学校やクラスという社会を生きていた中高生の頃、この本に出会っていれば救われたことがあっただろうなと思います。組織や立場、恋の取り扱い、自分との向き合い方……。あの頃は、名づけようのない正体不明の感情に振り回されていました。なので、不器用なこの物語の主人公のことが、痛いほどよくわかります。

〝女の子は妄想と現実を絡み合わせて、胸に巣食った発情を処理できずに、体の中に初恋という化け物を育てていくのに。〟〝こんな見た目の私にコントロールできないほどの恋愛が宿っていることが、皆にとってどれほど笑える冗談なのだろう。〟という恋に関する描写には思い当たる節がいくつもあり、自分の学生時代をありありと思い出しました。小説を読んでいるのに、自分の過去の映像も一緒についてくるような、新感覚の読書体験でした。

恥ずかしい過去や、思い出したくないこともたくさんありますが、自分の全部をまるっと受けとめて、抱きしめてくれるような一冊です。

Part3

12

20代のうちに出会えてよかった本

『夢をかなえるゾウ4 ガネーシャと死神（文庫本）』

水野敬也
（文響社）

20代は刺激的で楽しい思い出がたくさんありますが、生き方や働き方と向き合い、深く悩んだ時期でもありました。そんな時、この本は「夢のかなえ方」だけではなく「夢の手放し方」も教えてくれました。

関西弁で話すゾウの神様ガネーシャが、余命3か月を宣告された会社員の前に現れ、その後を導くストーリー。〝みんな、本当はたくさんの夢をかなえてきてんねん。でも、周りと比べて『たいしたことない』て思てもうたり、かなえた夢に新しい夢を上書きしてもうたりして、なかったことにしてもうてんねんな〟というガネーシャの言葉は、わたしを立ち止まらせてくれました。いつも「今後どうしたらいいんだろう？」と未来に焦ってばかりいましたが、振り返ると、アナウンサーの仕事に就けたことも、夫婦でお店を作ったことも、自分が叶えてきたことでした。自分にないものを望むことは果てしないですが、欠けているわけではありません。まずは持っているものに目を向けてみようと、心の深呼吸をすることができました。

Part 3

13

雨の日に読みたくなる本

『ミッケ！ファンタジー』

ウォルター・ウィック
ジーン・マルゾーロ
糸井重里 訳
（小学館）

外にはなかなか持ち出せない大きな本。雨の日はそんな本を、家でゆっくり読む時間が好きです。写真集や漫画、図鑑もいいですが、たまに童心に帰りたくなって、子供の頃に大好きだった「ミッケ！シリーズ」を開きます。大人になってから見ると、懐かしさも楽しみに加わります。何冊か持っていて、特にお気に入りなのが「ファンタジー」。表紙にもある「くもに のりたい」のページは、雲にのる動物や天使たちが美しく、何度見ても飽きません。

『ミッケ！』は、写真のなかに隠されたさまざまなものを探していく謎解き絵本ですが、意外と難しく、たっぷり時間をかけて集中しないと見つけることができません。仕事や雑事をいったん忘れて没頭できるので、大人にもおすすめです。糸井重里さんの翻訳にも遊び心があり、〝あんがい　かんたんだったかな？〟〝なかなか　たいへんだったね。〟などの優しい語りかけは、次のページをめくる楽しみをくれます。絵本と会話をするような感覚で、優しい気持ちに包まれます。

14

春になったら読みたくなる本

『おんなのことば』

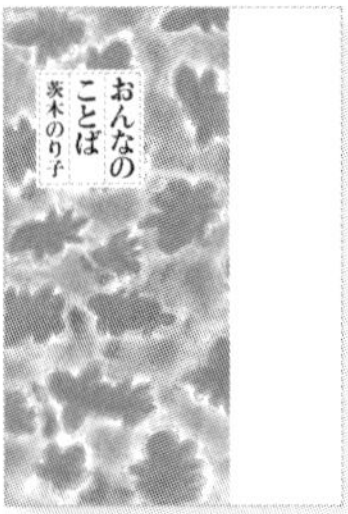

茨木のり子
（童話屋）

この詩集は、茨木さんの6冊の詩集からベストオブベストを集めた傑作選です。「さくら」という詩の、〝さくらふぶきの下を　ふららと歩けば　一瞬　名僧のごとくにわかるのです　死こそ常態　生はいとしき蜃気楼と〟という一節が大好きです。はじめて読んだ時、なんとも言えない感動に包まれました。桜の花の儚さから生きることの尊さを感じ、それを〝生はいとしき蜃気楼〟と表現する茨木さんのすばらしい感受性に胸を打たれます。桜を見るたびに、わたしはこの詩に思いを馳せます。蜃気楼のような、愛しく美しいこの人生の一瞬一瞬を、もっと味わわなくてはと……。

これは数年前、春生まれのわたしの誕生日に、お客様がプレゼントしてくれた一冊です。その思い出とともに、春になり誕生日が近づくと、茨木さんの美しい言葉に浸りたくなります。詩の楽しさや言葉の奥深さを改めて感じられた本でもあり、言葉から伝わってくる茨木さんのチャーミングなお人柄にもキュンとします。

Part 3

15

夏になったら読みたくなる本

『悲しみよ こんにちは』

フランソワーズ・サガン
河野万里子 訳
（新潮社／新潮文庫）

四季のなかでも印象強く感じる夏は、「エモ・夏」を存分に味わえる青春小説がぴったり。思春期の瑞々しさや危うさ、まぶしさをまとうこの本の舞台は、夏の南フランス。17歳の主人公セシルが、プレイボーイの父レイモンと、父の恋人エルザと、海辺の別荘でバカンスを過ごします。年上の大学生と出会って恋に落ちたり、なんと父がもうひとりのガールフレンドを別荘に呼んだりして、物語は思いもよらぬ展開に……。

サガンが描く鋭く繊細な描写と訳文が美しく、海と灼熱の太陽、浜辺での昼寝、ヨットでのキスなど、贅沢なバカンスにうっとりしながら読み進めました。特に好きなのは、セシルの「朝の楽しみ」のシーン。テラスの石段に座ってオレンジをかじり、やけどしそうに熱いブラックコーヒーを飲む。そしてまた、オレンジをかじる。爽やかな甘さと酸味、それを追う苦み。太陽が降り注ぐなかで飲む熱いコーヒー。物語の内容にも重なる複雑性と意外性がかっこよく、マネしてみたいワンシーンです。

Part3

16

秋になったら読みたくなる本

くどうれいん
（BOOKNERD）

『わたしを空腹にしないほうがいい 改訂版』

〝握ったから、おにぎり！ なんて安直な名前！ それでいてなんてすばらしい発明なのだろう！ かんたんなのに奥が深くて、おいしいのに腹持ちもよい。やさしくつよい三角形もいいし、穏やかな俵型でもよい。人が握ったおにぎりはひとつとして同じではなく、どこか個性が出るのも面白い。おまけにおにぎりを作るときのポーズときたら、まるで魂を複製しているようではないか！〟

もうこれだけで充分に、この本の魅力が伝わる気がします。食欲の秋、そして読書の秋には、くどうさんのこのくすっと笑える食エッセイがおすすめ。どこを切り取っても魅力的で、おいしそうで。おなかがへるので要注意です。何気ない日常にある「食」に対する愛情の大きさと、あたたかな眼差しの深さに脱帽する一冊でもあり、特にこのおにぎりの一節の最後、〝まるで魂を複製しているよう〟という発想が最高です。おにぎりをにぎる時、つい力が込もってしまいます。

Part 3

17

冬になったら読みたくなる本

『家が好きな人』

井田千秋
(実業之日本社)

わたしが住む新潟の冬は雪が積もり、雨風が強い日も多いので、外に出るより家で過ごすほうが好きです。冬の「あるある」な日常がたっぷり描かれたこちらは、共感必至の一冊。さまざまな家と、そこに住む人々の様子をオムニバス形式で描いたオールカラーコミックです。登場人物それぞれの家時間が描かれ、情景描写のリアルさがときめきポイント。ルームウェアのズボンの裾を靴下にインしていたり、こたつで寝落ちしちゃったり、郵便物が床に散乱していたり……あるあるですよね。1ページずつ、細かな部分までじっくり味わいたくなります。

この本を読んでいると「日常って、生活って、なんだかいいな」と、自分の暮らしを見渡して幸せを感じられる瞬間があります。冬の朝に早起きしてコーヒーを淹れたり、電気毛布にくるまって読書しながらうとうとしたり、熱々の鍋をつつきながら夫と晩酌したり。ささやかだけど、いつもそこにある、かけがえのない愛しい日常に気づかせてくれます。

18

旅に連れて出かけたくなる本

『アムリタ』

吉本ばなな
（新潮社／新潮文庫）

この小説は、頭を打って記憶を半分失ってしまった女性が主人公。失った自分を取り戻すために、弟と高知を旅したり、恋人とサイパンに行ったり、旅するなかで自分を見つめる物語です。何か劇的なことが起こるわけでもなく、旅先でも特別なことをするわけでもない。それなのに心に響き、沁み入る場面ばかりで、吉本ばななさんが紡ぐ言葉のパワーに圧倒された一冊です。

「小説は速読するものではなく、世界観を味わうものだ」という一節を何かの本で読みましたが、旅をする時にはまさにそんな一冊を持っていきたいと思っています。勢いづいて読むものではなく、じっくり味わいたくなるような本。そんな時に思い浮かぶのが、吉本ばななさんです。どの作品も言葉や表現の美しさに浸れるのはもちろんのこと、優しい登場人物に元気をもらえます。わたしの場合ですが、「物語を楽しみたい」と思うより前に、「ばななさんの文章を読んで、ばななさんの世界観に浸りたい」と思って読むことのほうが多いかもしれません。なかでもこの『アムリタ』は、文章の凄みに圧倒され、心が揺さぶられた作品です。

〝手で触れるかと思った。透明で、赤く柔らかで、巨大なエネルギーが、町や空気の目に見えない壁を通りぬけて押してくるような迫力だった。息苦しいほどの、生々しさだった。一日は一日を終えるとき、何か大きくて懐かしくて怖いほど美しいことをいちいち見せてから舞台を去っていくのだ、と思い知った。実感した。〟

特に好きなのは、この高知での夕焼けシーン。「旅先で夕焼けを見た」とたった一言で説明できる場面ですが、このあとも3ページにわたって恐ろしく激しい夕焼けだったというその情景がパワフルに描かれています。わたしの脳内でもしっかりと大迫力の夕焼けが再生されました。夕焼けを見ることは日常的にあっても、旅先で見ることで特別な体験になり、そこに意味や価値が加わるのかもしれません。旅の途中でこの本を読んでいるとそんなことを考えさせられ、何度も見ている新幹線からの車窓も、いつもとは違って見えました。五感が研ぎ澄まされたように感じます。

Part 3

19 親友にプレゼントしたい本

『幸せについて』

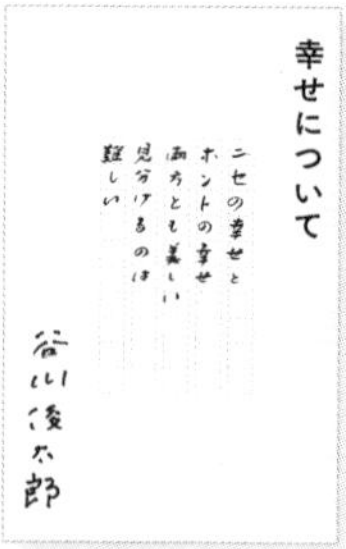
幸せについて
ニセの幸せと
ホントの幸せ
両方とも美しい
見分けるのは
難しい
谷川俊太郎

谷川俊太郎
（ナナロク社）

この本は実際に、親友に贈ったことがあります。さまざまな角度から「幸せ」について語られていて、その切り口の多さに驚かされつつ、自分にとっての幸せを考えさせられる本でもありました。なかでも〝長続きする幸せは平凡な幸せだ、言葉を代えるとドラマチックな幸せは長続きしないからこそ濃い。幸せが毎日の暮らしの低音部を担っていて、幸せだっていうことにも気づかないくらいの、ＢＧＭみたいな幸せが、一番確実な幸せかもしれない。〟という一節が印象的でした。ＢＧＭみたいな幸せ、たしかに。ふと10年以上仲よくしてくれている親友を想って、当たり前ではないことがありがたく感じました。

大切な人の存在や、平凡でも平和な毎日に感謝したくなる、谷川さんの名言が詰まった一冊です。疲れている時でも、すっと寄り添ってくれるように、さらりと読めるので、大切な人に贈って、いつかどのフレーズがお気に入りだったかを語り合うのも楽しそうです。

Part 3

20

読書初心者におすすめの本

『ボールのようなことば。』

糸井重里
(東京糸井重里事務所)

本を好きになったきっかけでもある、大切な一冊。この本との出会いによって読書の扉が開けたので、わたしが読書初心者におすすめしたいのは、迷わずこの本です。糸井さんの軽やかな言葉が綴られています。

〝「人生は、別れと出会いの連続だ」といいますけれど、「人生は、ごめんとありがとうの物語」でもあります。〟〝「ともだちというのは、「しょっちゅう会ってなくてもかまわない」というところまで含めて、いうのだと思う。〟など、短くて読みやすい文章のなかに、大切なことがぎゅぎゅっと凝縮されています。自分にはなかった視点に思わずハッとしたり、言葉にして改めて気づく大切なことに胸が熱くなったり。そんな言葉の数々に触れていると、わたしも「言葉にすることをあきらめないようにしよう」と、力をもらえます。何年経っても、いつ読んでも、心に響く言葉が必ずあり、何度も何度も読み返しています。シリーズのなかから、気になる一冊を選んでみるのもいいかもしれません。読書から遠ざかっている人にもおすすめです。

Part 3

21

いつまでもだいすきな絵本

子どもの頃、寝る前に母が必ず絵本の読み聞かせをしてくれていて、当時のわたしはこの本をきっかけに、「バムとケロ」にハマったそうです。以来ずっと大好きで、「バムとケロシリーズ」はいまでも読んでいます。

この『バムとケロのにちようび』は、しっかり者のバムと天真爛漫なケロが、雨の日曜日におうちで過ごすお話。

「こんな雨の日は本を読もう」「でもその前に、部屋を片付

『バムとケロのにちようび』

島田ゆか
(文溪堂)

けなくちゃ」と、まずははりきって掃除をするバムですが、部屋がきれいになったところで、どろんこぐちゃぐちゃのケロが帰ってきます。どろんこの長靴を履いたまま、傘も持ったままで部屋に上がってくるケロ。バムからすると絶望的なシーンですよね。本を読むことを楽しみにしながら、ひとりでせっかく部屋をきれいにしたのに……。でも、このケロの登場がなぜか憎めなくて、むしろ愛おしく、かわいくて。このページを開くたびに、笑ってしまいます。そのあと、バムがケロをお風呂に入れてあげて、部屋をもう一度きれいにしてから一緒にドーナツを焼くことにしますが、そのドーナツがもうありえない量なんです。確実に100個は超えています（笑）。好きなことを好きなだけやるふたりの姿が、子どもの頃はおもしろく感じ、いまはじんわりとほほえましく思います。

いつも全力でピュアなバムとケロを見ていると、「思う存分にいまを楽しむことを、わたしはできているだろうか」と、考えさせられることもあります。バムのように大きく広い心でありたいし、ケロのように純粋な心を忘れたくないなと思っています。

お話はもちろんのこと、なんといってもこの絵本の魅力は、隅から隅まで絵がかわいいところ。ケロの傘の模様はなんと自分の顔で、持ち手部分までケロの顔の形をしています。よく見ると、ふたりの持ち物はすべて、ふたりのためのデザインなんです。お風呂の大きなバスタブやシャンプー容器まで。インテリアも見れば見るほどかわいくて、何度読んでも発見があります。ふたりがいる世界観はわたしにとって憧れでした。友人の子どもに絵本を贈る機会が増えた最近は、いつも「バムとケロシリーズ」を選んでいます。そのうちに自分のものもほしくなって、少しずつ集めているところです。

我が家の本棚

夫婦ともに本好きの我が家には、高さ2mの大きなスチールの本棚が1つと、木の本棚が2つ、それからブックタワーが1つ、マガジンラックが1つ、計5つの本棚があります。スチールの本棚は夫婦共用で、わたしが読み終えた文庫本コーナーや、夫のお気に入りの単行本コーナーがあったりします。木の本棚は、それぞれの専用本棚。夫の本棚には仕事に関する本やコミックが、背表紙の色や作家ごとに美しく並べられています。わたしはというと、右半分は積読本、左半分は読み終えた単行本として、読んだ順もしくは買った順に並べています。お互い好きなように並べていて性格が出ているよう(笑)。

本棚に収納されていない本も、家のあちこちにあります。読んでいる途中の本はソファのまわりに集まりがちで、ほかにもベッドサイドやテーブルの上、たまに脱衣所の洗濯機の上など、気づけば本のミニタワーができています。

夫はよき本好き仲間。読む本に迷うことがあれば互いにおすすめ本を聞いたり、同じ本を読んだときは感想を共有したり、バレンタインに本のプレゼント交換をしたこともあります。ちなみに、わたしがよく小説を読むようになったのは、夫が村田沙耶香さんの『コンビニ人間』をおすすめしてくれたことがきっかけ。そこから夫のお気に入り作家さんの作品をマネして読むなどして、小説への扉が開きました。

Part 4

読書記録

読書記録の目的

言葉や考え方に触れて感情が動いた時、わたしは、昔からメモをするようにしています。ネットの記事や誰かのブログでビビッときたもの、友人が言ってくれたうれしいひとこと、職場の上司からもらったありがたい助言など、とにかくなんでも。しなければ落ち着かない「癖」のようなものです。メモは、言葉を集めているノートに書き写しておきます。忘れないようにするためであり、アウトプットすることで自分のなかに落とし込むためでもあります。わたしの読書記録は、その延長線。本で出会った言葉もそのノートにまとめていましたが、本格的に本を読むようになると追いつかなくなり、本専用の「読書ノート」とインスタグラムの「読書記録アカウント」を始めることにしました。

記録は、あくまでも手段です。ずっと忘れないでおくことはどうしたって難しいので、未来の自分のために残しています。記録すること自体が目的に

なると、読書をする意味がブレてくるので要注意。では、その目的は何かというと、「何度も味わいたいから」。これに尽きます。なので、写真やコピーでの記録ではなく、書き写すことを大切にしています。聞いたり読んだりした言葉を、書くことで再び味わい、筋肉も細胞も使って全身の隅々まで行き渡らせているんです。その言葉を自分の文字で見ることで、理解はさらに深まっていきます。

インスタグラムの開設は、一種の宣言でもありました。本をたくさん読めるようになりたかったので、「毎日読書をします。読んだら感想を書きます！」と、勝手に誰かとの約束を取りつけて、自分にちょっとしたプレッシャーをかけていました。やはりここでも写真ではなく、書き写します。正確には「入力する」なのかもしれませんが、機械的に写しているわけではないし、わたしのなかを通って、考えや思いがのっているものなので、ただの文字だとは思えません。

記録しておくのは、その本から抜粋した言葉と、その時の自分が言葉をどう受け取ったのかという感想です。読んだ時の状態によって感じ方は変わるので、何がどんなふうに響いたのかも忘れないようにしておきたいと思っ

ています。ビビッときたのか、グッときたのか、それがどんな気づきや感情につながったのか……。言語化することは難しい作業ですが、「言葉で伝えられる人」に憧れているので、いい訓練にもなっています。本の言葉に限らず、悲しみや悔しさなど、ネガティブともいえる感情を覚えた場合も、やはりそれも心が動いた瞬間なので、言葉にして書きます。揺れ動いた自分の心をしっかり見つめる時間です。

●記録は次へのバトン

読書記録をつけていると、「過去の自分、ありがとう！」と思える場面があとからいろいろ出てきます。読み返して再び言葉を味わえることは言うまでもありませんが、同じように追体験することもあれば、感じ方に変化があって前回とは違った展開が待っていることもあります。読了本のラインナップとして記録全体を捉えると、「エッセイが多いから、やっぱり自分が好きなジャンルなんだな」「この頃はノンフィクションブームがきていたな」「小説は恋愛小説ばかり読んでいるな」と、過去の様子を振り返り、自分を見つめること

もできます。

記録はデータでもあるので、そういう意味でも役立ちます。「この本、どんな話だったっけ？」と思い出したい時には、人のレビューより自分の記録のほうが確かなはずです。友人におすすめの本を聞かれた時にも見返すことがあり、この本をつくる過程でも本当に助けになりました。

インスタグラムでの読書記録は、習慣化を成功させただけでなく、フォロワーさんが増えて「本好きの会」ができるようになったり、本を出版することになったりと、思ってもみなかった世界につながっていました。自ら発信したり、誰かの読書投稿をのぞいたりして交流が生まれ、本好き仲間が増えたことが何よりの財産です。記録すること自体も楽しく、それを発信することで人とのつながりも、新たな本との出会いも増えました。

人知れず非公開で読書管理アプリも使っていますが、どのツールにしても、本の記録が積み上がっていくことは、わたしにとって「成長の証」でもあります。コレクション感覚で一冊一冊、自分の記録に納まっていくことは楽しみであり、喜びです。読書熱を上げてくれるので、モチベーションや自信にもつながっています。

読書記録の方法

本を読んだら、記録をしてアウトプットするまでが、わたしにとっての読書。読みっぱなしでは落ち着きません。「読んだらすぐにインスタ投稿」がマイルールです。読書ノートは、なかでも本当に残しておきたい言葉がある時に登場します。今後も深く胸に刻んでおきたい言葉や、書くことでもっと理解を深めたい言葉を残します。自分にとって特別な言葉が集められた「自分だけの本」になっていくのがたまりません。過去のノートも一緒に部屋のテーブルのそばに置いていて、本と同じように好きなタイミングで読み返しています。

「ブクログ」という読書管理アプリは、アカウントを公にせず、ノートと同様に自分だけの記録としています。自分のなかにとどめておきたい感想を書くこともありますが、実際に持っている本が読了本なのか未読本なのかを整理したり、読みたい本リストを作成したりと、まさに読書状況を管理するためのデータベース的な位置づけです。

インスタグラム

書き方の決まりは特にありません。とにかく感じたことを逃さぬよう、気持ちに熱がある時、つまりは読んだ直後に書くことを心がけています。投稿内容は、風景として本の写真と、感情が動いた言葉の引用と読書感想。日記のような感覚で、手にとった経緯などを書くこともあります。

読書ノート

愛用しているのはMDノートのA5サイズ、横罫。書き心地がよく、パカッと開くところがお気に入り。ページのちょうど真ん中の罫線が太線になっていて、見開きを四分割して扱うことができるので、「1面にひとつ」のまとまりで本の言葉や感想を思考整理しながら綴っています。ペンはアクロボール、0・7の黒。ノートとの相性も抜群です。書いている途中にも理解は深まり、刺激されてアイデアや気づきが生まれやすいので、「気づきを書く用のノート」も一緒に携えています。

本に残した足跡

誰かに読まれた本には「足跡」が残ります。わたしは角を折ったりマーカーを引いたり、書き込んだりしながら読むので、そういう意味でも形跡が残りますが、それが多ければ多いほど心が揺さぶられたということ。その時の自分にどれだけ必要な存在だったかと思うと、心がきゅっとなります。折ったり書いたりしない人の本にも、足跡は残ります。持ち運ぶうちに角が小さく折れたり、カバーが擦れたり、めくる時のクセがついていたり、紙がやわらかくなっていたり……。自分のものだという気配をまとっていると思います。これも愛読している証ではないでしょうか。再読した時に「前もこんなふうに感じたな」と、以前の自分の感覚を思い出すことがあれば、それも足跡をたどっていることになると思います。

本を読むことは、すなわち「愛読すること」と言ってもいいのかもしれません。新たな知識を得たり、さまざまな言葉や考え方に刺激を受けたり、多

くの感情を味わったり、その本との思い出が誰にでもあるはずです。真剣に読んでいようが、なんとなく読んでいようが、読書をしている時点で自分の貴重な時間をその一冊に捧げているわけです。その時間は、その本との時間以外の何物でもありません。

足跡は、その本を選び、読む選択をしたことも含めて、その時の自分次第で変わります。つまり本をどう読むかは本次第ではなく、自分次第。気分や体調に左右されることもありますが、それも自分の一部です。さらに言えば、書類を読むのとは違って、読書はただ文字を読むわけではありません。そこに物語があれば特にわかりやすく、胸をしめつけられるほど苦しくなったり、切なくて涙が出たり、堪えきれず声を出して笑ったり。振り返ると、どの本にも、その本からしか得られない体験があったことを思い出します。

わたしは読書をするようになって、変わったことがたくさんあります。いちばんはやはり、本が豊かさをもたらしてくれたこと。考え方が広がり、感情が深まり、時間の使い方も見直されました。一冊一冊との時間が日々を彩ってくれて、気づけば心が豊かになっていたんです。こんなコンテンツがほかにあるでしょうか。無駄な読書体験はひとつもありません。

読み終わった本の行方

自宅の本棚に本が増えていくことも楽しいですが、読み終えた本はお店の本棚にも置くようにしています。ぜひシェアしたい本だったり、自分とは相性がよくない本だったり、ジャンルも特に決まっていません。お店に来てくださるお客さまが本に触れることで心地いい時間を過ごすことができるのなら、本も自宅で眠っているよりうれしいかな、なんて思っています。それをきっかけに読書に興味をもってくれたり読書熱が再燃したり、次へのバトンになってくれたなら、そんな幸せなことはありません。

「手放そうとは思うけれど、お店に置くのもちょっと違うかな……」と感じる本は、定期的に古本市を開催して販売することもあります。また、お客さまが手放したい本を譲り受けることもあります。わたしが読んだり夫が読んだり、お客さまが読んだり、また誰か違う人の手に渡ったり。こういうの、なんだかいいなぁと思っています。今日もどこかで本が読まれていると思うと、心がじんわりあたたかくなります。

▲**石本商店の本棚**
すべてのテーブルに本棚があり、座る席によって出会う本が変わります。
本棚を設置してから、店内で読書をするお客さまが増えました。
本好きとして、とてもうれしい風景です。

おわりに

この本を書きながら何度も思い浮かべたのは、いまは亡き祖父の存在でした。
思えば幼い頃から、本に触れる機会を作ってくれたのは祖父だったように思います。

横浜にある祖父母の家から、埼玉の実家に帰る電車で読めるようにと、
子供の頃はアンデルセンの小さな絵本を買ってくれました。
学生時代にもよく本屋に連れて行ってくれて、
雑誌でも写真集でもなんでもいいからと本を買ってくれました。
本まみれの祖父の部屋は、決してくつろげるような空間ではありませんでしたが、
その景色も、わたしの原体験として刻まれていたのかもしれません。
いまではわたしも、本に囲まれて暮らしています。

「書き手になってみませんか？」とお声がけをいただいた時は
「わたしなんかが……？」となかば信じられない気持ちでしたが、

奇跡のようなできごとに、うれしくなりました。
きっと天国の祖父も大喜びしてくれているに違いありません。
多くの読書家がいるなかで声をかけてくださった辰巳出版の竹田さん、
貴重な機会をありがとうございました。

この本は、インスタグラムの読書記録から生まれた一冊です。
たくさんの方々のおかげで、こうしてかたちになりました。
執筆に際しても、フォロワーさんにアイデアをいただき助けてもらいました。
改めまして、見つけてくださり、見てくださり、本当にありがとうございます。
はじめて本を書くことを経験して、本の奥深い世界を知ることができ、
これまでの読書体験や自分の言葉と向き合い、さらに本が好きになりました。

最後に、この本を読んでくださった方へ。ありがとうございます。
「本っていいな」「読書っていいな」と感じてくれたなら、とてもうれしいです。
これからも自分らしい本との付き合い方で、お互いに読書を楽しみましょう。

大島梢絵

この本のなかで紹介した本

◉著者プロフィール

1993年埼玉県生まれ。学習院大学文学部卒業。
広告会社やテレビ局（NHK 宇都宮放送局・UX 新潟テレビ21）でのアナウンサー職を経て、現在は新潟県で「カレーとごまどうふの店 石本商店」を夫婦で営む。2022年よりInstagramで読書記録を開始。年間150冊読む本好きであり、「本好きの会」も主催する。

◉Staff

イラスト　のりcorin
デザイン　松本恵子
校正　安福容子
編集　竹田かすみ

読書は鼻歌くらいでちょうどいい

2024年5月10日　初版第1刷発行

著者　大島梢絵
発行人　廣瀬和二
発行所　辰巳出版株式会社
〒113-0033　東京都文京区本郷1丁目33番13号　春日町ビル5F
TEL 03-5931-5920（代表）
FAX 03-6386-3087（販売部）
URL　http://www.TG-NET.co.jp

印刷・製本　中央精版印刷株式会社

ISBN 978-4-7778-3065-7 C0095